新版 議論のレッスン

福澤一吉 Fukuzawa Kazuyoshi

NHK出版新書
552

新版　議論のレッスン　目次

中級編 「論拠」の発見……

議論レベル3＝科学的議論

3 議論レベルのシフト・アップ……244

議論とは何か

読者のみなさんは建て前としては、「それが何であれ、意思決定は十分に議論の末に出すべきである」と思っているかもしれません。しかし、一方、心の中の本音は「議論ほど嫌なものはない。できれば議論などないに越したことはない」とも思っているのではないでしょうか。しかも、議論をするとお互い気まずい思いをしたり、場合によっては意見対立がもとで人間関係がぎすぎすすることもある。だから、議論はできるだけ避けたい。それに、「議論は根拠に基づくべきだ」などと騒がれている一方で、「まだまだ、日本の社会はその場の雰囲気や空気で重要なことが決定されているじゃないか」とも思っている。

場の雰囲気や空気を読むことの重要性を是認しつつも、みなさんの心の中の知性はこう語りかけます。「議論なしで済ませているのであれば、議論に代わる何らかの仕方で意思決定されているはずだ。でも、どうやって事が決められていくのかそのプロセスがまったく分からない」。さらに、議論などでの決定のプロセスやメカニズムのどこかが妙であると感じることもあるでしょう。そう思いつつも、どこがおかしいのか明確に指摘できないまま、フラストレーションを感じてしまう。

イライラさせられるのは次のような話し合いの場面です。例えば、何を話し合えばよいのかのポイントが絞り込まれないうちに議論がはじまってしまった。みんな思い思いのことを勝手に発言していて、議論がまったく嚙み合わない。複数の人が異なる意見を言うけれど、どの点で意見が対立しているのかよく分からない。議題とは直接に関係のないことを言う人がいる。議長役の人もいろいろと意見を聞きまわるだけで、意見の交通整理やまとめを一切しない。ある人の言っていることは、どうも筋が通っていないためか、理解に苦しむ、等々の場面です。

このように混乱している議論の最中に一石を投じようと、議論の相手に「あなたの言っていることは支離滅裂で、何を言っているのかよく分かりません。筋が通っていない。そのうえ論理性がまったくない。もっと、分かるように話してください」と要求したとしましょう。そうしたらその相手からすかさず「では支離滅裂ではなく、筋が通るように、分かるように話すにはどうすればよいのですか？　教えてください」と聞き返されてしまったとしましょう。みなさんは、この問いに即答できますか？　クリアな答えが出せますか？　おそらくは答えに窮するのではないでしょうか？

相手の話し方への不満をうまく伝えるには、議論において相手の話の問題点が何かを明確に指摘しなくてはなりません。そして、問題点というからには何らかの参照枠にその問題点を照らし合わせないかぎり、その問題点を示すことはできません。すなわち、「分かりやすく話すってこういうことでしょ」ということを示す参照枠としての「議論のモデル・議論のルール」を相手に提示する必要があるのです。その議論モデルに照らし合わせるからこそ、相手の話のおかしいところだけでなく、自分の話のおかしいところにも気がつくのです。この本の最大の狙いは、みなさんにとっての参照枠となるような「議論のモデル」について詳しく解説をすることです。

現代の教養ある社会人にとって「議論とは何か」についての基礎知識は実社会の生活においてて欠かせないものです。そして、議論スキルをつけるための「議論のレッスン」は、最近の国会でのやりとりの程度の低さを見るにつけても、従来に比してますます重要になってきています。

さらに、社会人のみならず、「議論のレッスン」は教育現場においても今までになく重要なものになってきています。なぜなら、今、日本での教育の在り方にこれまでになかった大きな変化が起こりつつあるからです。例えば、ご存じのとおり、文科省は大学入試改革を含めた「教育改革」を行っています。そして、従来の知識の獲得・再生を重視する教育から、知識・技能を活用して課題を解決する論理的思考力・判断力・表現力・批判力等を育《はぐく》む教育へ転換をしようとしています。これは日本の教育においてかつてない画期的な出来事であり、同時に従来の教育文化への挑戦でもあります。なぜなら、従来の日本の教育では主に何かを「憶える」ことに重点を置いてきており、何かを「考える」ことを軽視してきたからです。

議論をすること、それは「考える」ことに他なりません。今こそ、日本社会は場の雰囲気や空気を読むことに気を回すことをやめて、議論の在り方について真剣に取り組むときなのです。

著者からのメッセージ

議論に慣れていただくには、読者のみなさんに次のことをぜひ実行していただきたい。

それは「**議論が語る言葉**（すなわち、議論・討論で発言されている内容）**を、いったん、議論を語る言葉に置き換える**」という作業です（「議論を語る言葉」についてはは本文でじっくりとお話しします）。例えば、「①今までの学校教育では単に、いろいろな事実を丸暗記してきた。だから、これからは②自分の考え、意見を明確に表現できる力を養成するべきだ」という意見があったとします。この意見を「議論を語る言葉」で表現し直しますと、「①の文は**根拠**で、②の文は**結論**／**主張**である」という言い方に置き換えられるのです。さらに、接続詞の「だから」を使って「①根拠　だから、②結論／主張」という形式に置き換えられます。発言内容を「議論を語る言葉」に置き換えることによって、会議や教室内での議論の内容をいったん突き放し、内容に惑わされることなく、その発言の内容の構造のみに集中できるのです。これが「議論が」から「議論を」への置き換えです。

議論について知ることとは「議論を語る言葉」を理解し、それを恥ずかしがらずに実際の場面で使うことなのです。そのための「議論のレッスン」をぜひやってみてください。

議論について知るとこんなによいことがある

議論を支える基本的構造の理解は口頭でのやりとりに限らず、論文を読んだり、社内や大学でレポートを書いたりする場合にもまったく同じように役に立ちます。さらに、議論について学ぶことで読み書きを含め、副産物的にさまざまな知的出来事が起こるのです。以下はその実例です。

第一に、ものの見方に変化が生じます。ちょっと大げさな言い方をするなら、**議論とは何かを知る前と知った後では、世界で起こっていることすべてについての自分の見方が大きく変化します**。例えば、今まで漠然と読んでいた新聞記事やさまざまな本、学術的論文、エッセイ、何となく聞き流していた国会中継やテレビ討論、ニュース番組、はたまた友達とコーヒーを飲みながら交わしていた知的な会話などのすべてに対してより深い突っ込みができるようになります。もし、本書の読者がジャーナリストなら、必ずや、政治家を相手に意義ある議論を展開できるようになること間違いなしです。もし本書の読者が学校の教員であれば、学生や生徒からの質問にも真正面から答えられるようになること請け合いです。

第二に、議論の構造を知ることにより、「**自分自身のものの捉え方を知るチャンス**」**が得られる**ということです。例えば、議論をするためには常に相手が必要であるように思えるのですが、それは狭義の意味での議論の場合です。何かについて自分で意思決定しなくてはならない場合、そのプロセスにおいて自問自答する場合、その議論の相手になるのは実は自分自身なのです。

本書では議論を語る言葉として「**論拠**」という語を重視しています。詳細は本文でじっくりとお話しします。この「論拠」は「目の前の事実（根拠）を自分はどう捉えているのか」を自分自身に向かって問いただす力を持っています。場合によっては、「ええっ。信じられない。自分って、こんなものの考え方をする人間だったんだ」と驚くようなことに「論拠」は気づかせてくれるのです。つまり、議論について知ることは自分について知ることに直結しているのです。

第三に、**議論の内容についての知識と、その議論の構造についての吟味が独立であることが理解可能になります**。例えば、私たちは知識がない領域の話題には口出しができないと考えがちです。確かに、知識自体は領域固有性があり門外漢は簡単に手が出せません。ところが、自分の知らない領域での発言が「議論のルールに沿って行われているかどうか。根拠となる知識から間違えなく結論が導かれているか」などのチェックは可能です。これは先ほどお話しした「議論を語る言葉」で議論の内容を捉えることに他なりません。つまり、そのチェックはその領域についての知識とは独立に行えるのです。ビビる必要はありません。

ある領域の専門家であっても議論上、論理的な誤りは犯します。議論の内容を構成する知識の正しさと、議論の構造自体の正しさは別のものなのです。議論の構造について知っていれば、知識のない分野の議論に参加して相手に突っ込みを入れることもできるのです。

第四に、会議やミーティングなどでの**議論の場における話し合いを整理したり、まとめていく視座が得られます**。例えば、会議などにおいて各自の意見は結論／主張という形で現れます。その主張は一般に単独では自立できないため、それを支える何らかの根拠が必要です。さらに、先ほどちょっと触れました論拠も必要になります。議論の構成要素はそれぞれ違った働きをしますので、その要素ごとに各自の意見を「議論を語る言葉」を使って分類することができます。これをするだけでも、議論でのさまざまな意見をうまく整理できるのです。分類の異なる要素間での話し合いになっていれば、それは話が嚙み合っていないということになります。それによって、意見の対立がどこで生じているかも見えてきます。

第五に、簡単な日常的なやりとりから、よりフォーマルな学術的議論までの幅広いさまざまな議論に触れる際に、**議論の質、程度、内容などに合わせて最適な「議論レベル」を**

選択できるようになります。日常の話し合いに難しいルールを持ち出すのは場が白けますし、はじまりません。一方、知的な会話や、よりフォーマルな議論のときに行き当たりばったりの発言をするのもまた問題です。議論のさまざまな状況を考慮しながら、自在に議論のレベルを行き来できるようになるのです。これはカッコいい!!

本書は「議論とはそもそも何であり、その議論を分かりやすくしていくにはどんな知識や工夫が必要なのか」を読者のみなさんに丁寧に解説することを主たる目的にしています。繰り返しておきます。その目的を達成するための最適な方法が、会議などの議論で使われる言葉を「議論を語る言葉」に置き換えられるようにすることなのです。さらに、議論を知ることの副産物として、自分自らの考え方、ものの捉え方に気づくという体験を持っていただくことです。

本書の構成

まず「**序章**」では、**議論の現状**を概観します。その現状を概観するための参照枠として本書では「議論とは論証のことである」と定義をします。その定義を念頭に置きながら、現在私たちがよく耳にする議論の現状を振り返ってみます。ここでは政治家が展開する実際の議論を眺めて、一般に私たちには議論スキルが欠けていることを示します。そして議論スキルにおける現状の問題を解決していくひとつの方法を提供するという形で次章以降が用意されています。

つづく「**入門編**」「**初級編**」では、**議論のルール**についてお話しします。ちょうどスポーツにルールがあるように、より分かりやすい議論にはルールが必要です。ルールに照らし合わせて試合（議論）が行われるからこそ、どちらのチームがよい試合（議論）をしているかがより多くの観衆（議論の参加者および聴衆）に分かるのです。ここでは、議論を構成する基本的な要素である主張（自分が言いたいこと）、根拠（主張の裏づけ）、論拠（根拠と主張をつなげる理由）についての話が中心となります。

そして「**中級編**」では「**論拠の発見**」と題して、頭の体操をしながら楽しく読める話を集めました。主張を支える根拠は事実ですが、その根拠と主張をつなぐ役割は事実にはできません。そこに登場するのが論拠という大事な仮定です。「議論とは何か」を理解する、とはこの論拠をつかむことです。また、論拠との関係で興味深い「やはり」という日本語をめぐる考察をしてみたいと思います。

「**実践編**」ではここまでの総復習をかねて、日常私たちが目にする議論の中から実際の新聞記事を取り上げ、分析的に解説してみます。

最後の「**終章**」では、いくつかの異なるレベルの議論を「論拠の役割」を中心にして分類し、時と場合による**議論の使い分け**を提案したいと考えています。

なお、各セクションごとに練習問題がありますので、それを解きながら理解度についても確認をしていただけます。

議論について学ぶことは、屁理屈をこねることとは違います。また、丁寧な論証を基礎とした議論のルールが共有できているなら、議論をしていて殴り合いのケンカになる、ということは起こらないはずです。この本を通して読者のみなさんと議論することの面白さを分かち合い、みなさんの日常生活において少しでも役に立てるなら、著者としてこれ以上の喜びはありません。

ではさっそく、議論のレッスンをはじめましょう！

序章　議論の現状

1 「議論」を知らずに育った大人たち

みなさんは自分が小学生だったとき、担任の先生からあることで叱られ、そのとき自分がなぜ叱られたか分からなかった思い出はないでしょうか。自分が髪を染めたいと思っているのに、両親から納得のいかない理由で反対され、ムカムカした経験はありませんか。将来、自分がどの大学へ進学するかで父親と大喧嘩をし、どうしても父親の言い分が理解できなかったことなどは？　「自分の息子の扱いが気に入らない」ということで姑《しゅうとめ》から思いもよらぬ意見をされた方はいませんか。自分の夫（妻）と子どもの教育について口論になり、最後まで平行線のままに終わった辛い闘いの思い出はけっこうあるのではないでしょうか。会議での部長の発言はまったく理不尽で意味不明なのに、どういうわけか最終的に部長の意見が通ってしまい、気がつくとそれが会社の意思決定となってしまったなどという、ふがいない思いをしたことがあるのではないでしょうか。いやいや、この種のモヤモヤした体験は挙げればきりがない。

ここで例として取り上げたさまざまなやりとりは、すべて広い意味での「議論」と言えます（もうしばらくの間、本書における「議論の定義」は後回しにしたまま、議論という言葉を使います）。つまり、読者のみなさんは「議論とは何か」など、ふだんの生活ではとりたてて考えることなどまずないにもかかわらず、それを実践はしているのです。さらに言い換えるなら、読者のみなさんは好むと好まざるとにかかわらず、ここで挙げた例のように、あらゆる人と、あらゆる場面で、そしてあらゆる題材で、実際には「議論らしきもの」（言い争いを含む）を毎日こなしているのです。ですから、みなさんは人との話し合い（議論を含む）を避けて生きていくことはできません。

毎日こなしている話し合いの結果が、先ほどの例のように「納得がいかず、理不尽で、ふがいない」など後味の悪い経験として蓄積してくると、さすがに、ふだん、議論を意識していない私たちであっても、「このやりとりはどこかが変だぞ、妙だ」という感覚を強く持ちはじめるのではないでしょうか。例えば、自分が会議などで誰かと話しているとき、また国会での与野党のやりとりなど第三者同士が話しているのを脇から聴いていて、

「どうも話がお互いに通じてないぞ」「なんだか話が嚙み合ってないぞ」「そもそも何について論じるかは分かっているのかな」などという印象を持つことがあるでしょう。いろいろな話し合い、討論、議論が何となく妙だと感じているのは、実は自分の中で「本来、議論とはこうあるべきではないか」というイメージを薄々は抱いているからです。ところが、それを第三者に説明できる程度にははっきりとした形でまとめることができない。ですから、いつまでたっても「このやりとりは変だ、妙だ」という感じだけが残ってしまっている。

　このように私たちの話し合いや議論には明快さを欠く、ネガティブな側面が目立ってしまう。それは、いったいなぜでしょうか？　その答えをざっくり言うなら、「日本人は議論とは何か」を知らずに大人になってしまうからです。すなわち、議論に関する教育をまったく受けないまま社会に出る。つまり、日本人は**話し合いや議論のための参照枠を何も持たないまま大人になってしまっている**のです。「はじめに」でも触れましたとおり、ここで言う参照枠とは「議論や話し合いをするための基本ルール・基本モデル」のことです（これは後で詳しく、じっくりお話しします）。そのため、話し合いが「小学校の教師と生徒との間のもの」であれ、「国会議員同士のもの」であれ、「ニュースキャスターとコメンテーターとの間のもの」であれ、「ジャーナリストと政治家の間のもの」であれ、どこを切ってもその切り口に「曖昧《あいまい》さ、納得のいかなさ、分かりにくさ、論理性の欠如」というような同じ顔が見えてくるのです。

私たちは曖昧で、納得のいかない、歯切れの悪い議論に落胆し、絶望的な感じになってしまうかもしれません。その上さらにイライラしてしまうのは、「より納得のいく議論をするには一体どうしたらよいのか？」という問題に対する解決策がすぐには思い浮かばないためではないでしょうか。

「より納得のいく、分かりやすい話し合いや議論をするにはどうしたらよいのか」の解決策については、万全の策などありません。しかし、諦《あきら》めてはいけません。より納得できる、理解しやすい議論をするために工夫することは可能です。そこで本書では、よりよき議論のための参照枠を提案します。議論を知らずに育った大人から、議論について知っている大人を目指すべきです。そうしないことには、次世代の子どもたちも、議論を知らずに大人になってしまいます。

2　「日常のやりとり」から「よりフォーマルな議論」へ

「論証」としての議論

「議論とは何か」を考えていくにあたり、まずは、私たちが日常によく耳にするこんな会話から見てみましょう。

会話1　太郎「①今日のお昼はカレーにしようよ」
次郎「どうして?」
太郎「②だって、昨日はラーメンだったじゃない」
次郎「そうだね。そうしよう」

まずは、会話1のやりとりを「**議論を語る言葉**」に換えていきます。話の中で、自分が一番言いたいことを「**結論**」または「**主張**」と言います（本書では「結論」と「主張」は同じ意味で使います）。会話1では「①今日のお昼はカレーにしようよ」が太郎の主張です。

太郎はこの主張を単独で出したのではありません。次郎の「どうして?」への返事からも分かるとおり、その主張は「②昨日はラーメンだったじゃない」という理由から導いたのです。すなわち、太郎は「②昨日はラーメンだった。だから、①今日はカレーにしよう」と言っているのです。このように主張を導くために使われている理由のことを「議論を語る」言葉では、「**前提**」または「**根拠**」と言います。場合によっては、根拠はある種の証拠と考えてもよいです。

会話1の太郎の発言のように、結論/主張を、何らかの根拠によって裏づけようとする行為を「**論証**」と言います。一般的に言うなら論証とは「**根拠　だから、主張**」の形をとります。また、論証において前提/根拠から結論/主張を導くことを「**導出**」と言います。

ここで先ほどから留保していました「議論とは何か」の定義をする最初の要素が揃いましたので、基礎的定義をします。議論とは「**論証を基礎単位として話し合うこと**」なのです。すなわち、議論をするということは、ある前提/根拠から一定の結論/主張を導出することから構成されているのです。このように議論をその構成要素に置き換えるだけでも、はじめにお話しした「曖昧で、納得のいかない、歯切れの悪いやりとり」を整理する足がかりが得られます。ただし、この定義は現時点での定義としておきます。

ちなみに、主張は「自分と異なる主張、意見をもつ可能性のある誰か」を想定して発せられるものです。ここでの会話では「カレー以外を食べたい可能性のある誰か」、つまり次郎の主張が想定されているということになります。ですから日常的な会話であっても相手によっては、自分の主張がそのまま主張として通るとは限りません。次郎が太郎の「今日はカレーにしよう」という主張に対して「どうして?」とその理由を聞いているのは、主張を言い切っただけでは意見が必ずしも通らないことを示しています。

次に、もう少し改まったやりとり、例えば政治家の記者会見などでの会話を見てみましょう。

会話2　知事「①築地市場から豊洲への移転は中止することにします」
記者「②何か具体的な理由はあるのですか?」
知事「③豊洲の地盤調査により地下から有害物質が検出されたからです」
記者「④豊洲は衛生管理の行き届いた安全な場所であると聞いています。それでも移転を中止するのですか?」
知事「⑤そうです。万が一でも、有害物質が体内に入れば健康に問題が生じるからです」

会話2では、知事の「①築地市場から豊洲への移転は中止することにします」という主張が「③豊洲の地盤調査により地下から有害物質が検出されたからです」という根拠により支えられています。つまり、「③だから、①」という論証です。さらに、記者からの「④豊洲は衛生管理の行き届いた安全な場所であると聞いています。それでも移転を中止するのですか？」という質問に対して、知事は「⑤万が一でも、有害物質が体内に入れば健康に問題が生じる」という根拠から、同じく「①築地市場から豊洲への移転は中止することにします」という結論を導いています。つまり、「⑤だから、①」という論証です。

会話1、2で見たように、ふだんの友人同士の会話であっても、よりフォーマルな知事と記者の間のやりとりであっても、同じように、根拠から主張を導く論証をしているのが分かりますね。つまり、場面や話題が変わってもそのやりとりの構造、議論の構造はまったく同じであるということなのです。もし、みなさんが、専門性が高く、難しい内容だとちゃんと議論されていて、日常的な会話だとちゃんと議論されていないというような印象をお持ちなら、それは必ずしも正しくありません。なぜならある発話内容が議論かどうかの判断は、その内容によってではなく、その手続き（根拠から主張を導く）によって可能になるからです。

先ほどの定義を繰り返します。議論とは「ある前提／根拠から一定の結論／主張を導出すること」、すなわち「論証を基礎として、話し合いをすること」です。ですから、実際に議論が展開していくということは複数の論証間の関係を検討することになります。さらに、のちほど詳細に触れますが、議論をするということには論証に含まれる前提／根拠や結論／主張の吟味も含まれてきます。

論証を全体図で捉えておく

さて、ここで論証に関する今までの話をまとめておきます。図1を見てください。この図では、①前提／根拠から、②結論／主張が、③導出されることを示しています。そして、この三つを含む全体を論証と言います。図2は論証を一般的な形式表現にしたものです。論証における導出は初級編の演繹《えんえき》的論証のところでお話しします。

論証基本フォームを使って論証を捉える

図1

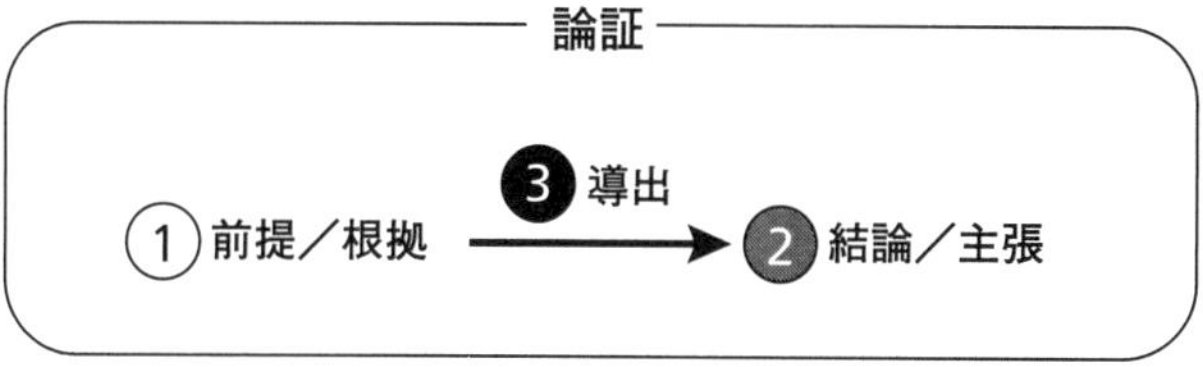

図2

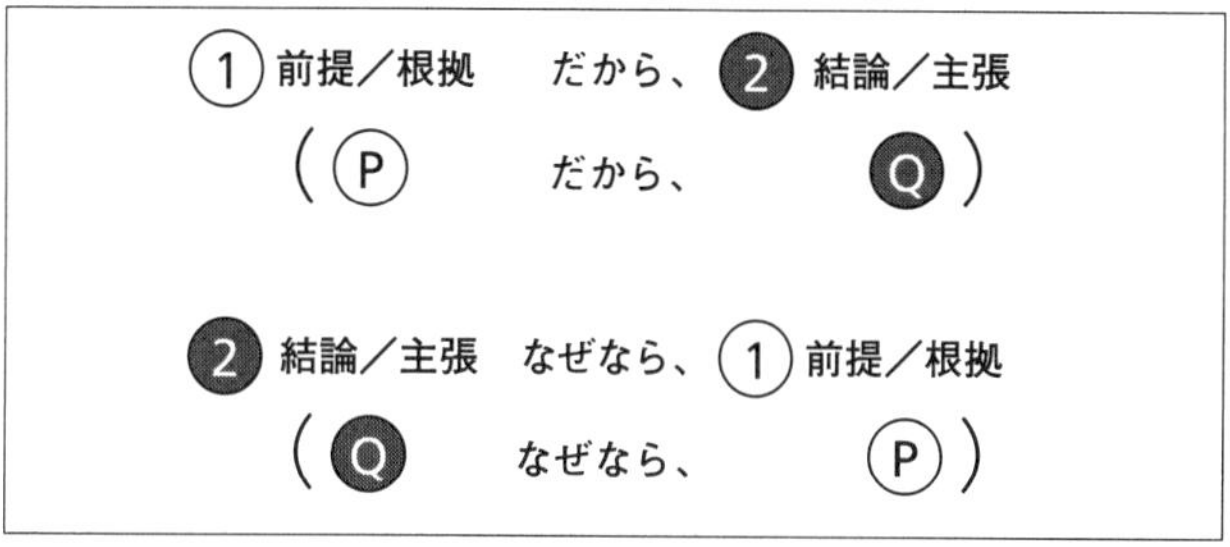

次ページの図3を見てください。これは「論証基本フォーム」と呼ばれているもので、論証を分かりやすく表現するためのものです。論証をこのフォームで表現することにより、論証の新たな側面を確認できます。

論証基本フォームのキーワードは**経験的事実**、**非経験的事実**、**推測バー**、**飛躍**です。論証基本フォームでは推測バーという線を引き、その上に根拠を書きます。根拠には事実を使用するのがベストです。そして、実際に経験を通して確認できる事実のことを「経験的事実」と言います。例えば、図3の「ロンドンはよく雨が降る」は実際に

図3

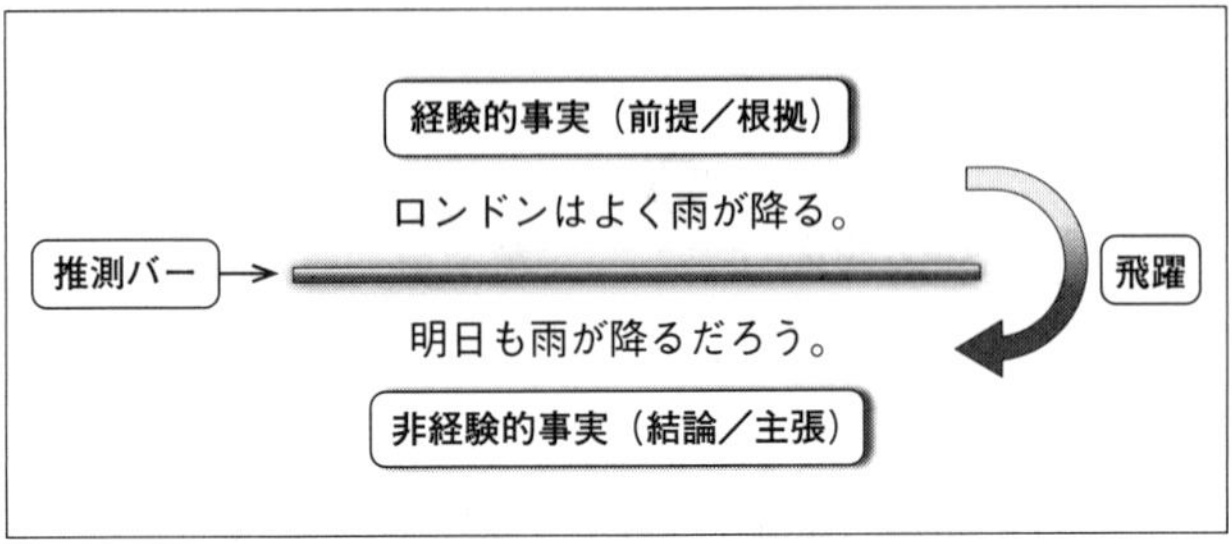

経験して確かめることのできる事実ですから、これは経験的事実になります。

次に、推測バーの下には結論／主張を書きます。主張は経験的事実をもとに、そこから推測して導いたものですから、直接経験することはできません。ロンドンは明日も雨になることは確実なことではありませんし、明日にならないと事実確認はできません。ですから、この論証をしている時点で、「明日も雨が降るだろう」ということは直接経験できないのです。このように直接経験できない事実を「非経験的事実」と言います。

推測バーは直接的に経験で確かめられる事実と、直接経験できない事実とを分ける境界を示しているのです。推測バーの上にある根拠から、下の結論／主張を導くには、どうしても「飛躍」が必要です。さらに推測バーを引くことは、「前提となる根拠が属する世界と、そこから導かれる結論／主張が属する世界が異なること」を私たちに意識させてくれます。この飛躍という考え方についてはこの後、さらに解説をしていきます。

先ほど、論証とはある根拠から結論／主張を導くことと定義しました。その定義を論証基本フォームを使って言い直すなら、**論証とは経験的事実から非経験的事実を導くこと**と言えます。つまり、経験できる世界と直接経験できない世界をつないだり、関連づける行為が論証であるという言い方もできるのです。

このように前提となる根拠に含まれていない内容を結論で導くような論証のことを**帰納的論証**と言います。私たちが議論で使う論証のほとんどはこの帰納的論証です。帰納的論証では仮に前提となる根拠が正しい場合でも、導出された結論／主張は必ずしも正しいとは限りません。先ほど、根拠から主張を導くことを導出と言いました。この導出は論証基本フォームにおける飛躍と関連した言葉です。帰納的論証では必ず「**飛躍を伴う導出**」をします。

この飛躍を伴う導出を図3に基づいて言い直しておきます。「Pだから、Q」という論証では、「**いったん、Pだと言っておきながら、そのPには含まれていない何かであるQ**」を導いています。ですから、Qは必ずしも正しいとは言えないのです。一方「Pだから、

図4

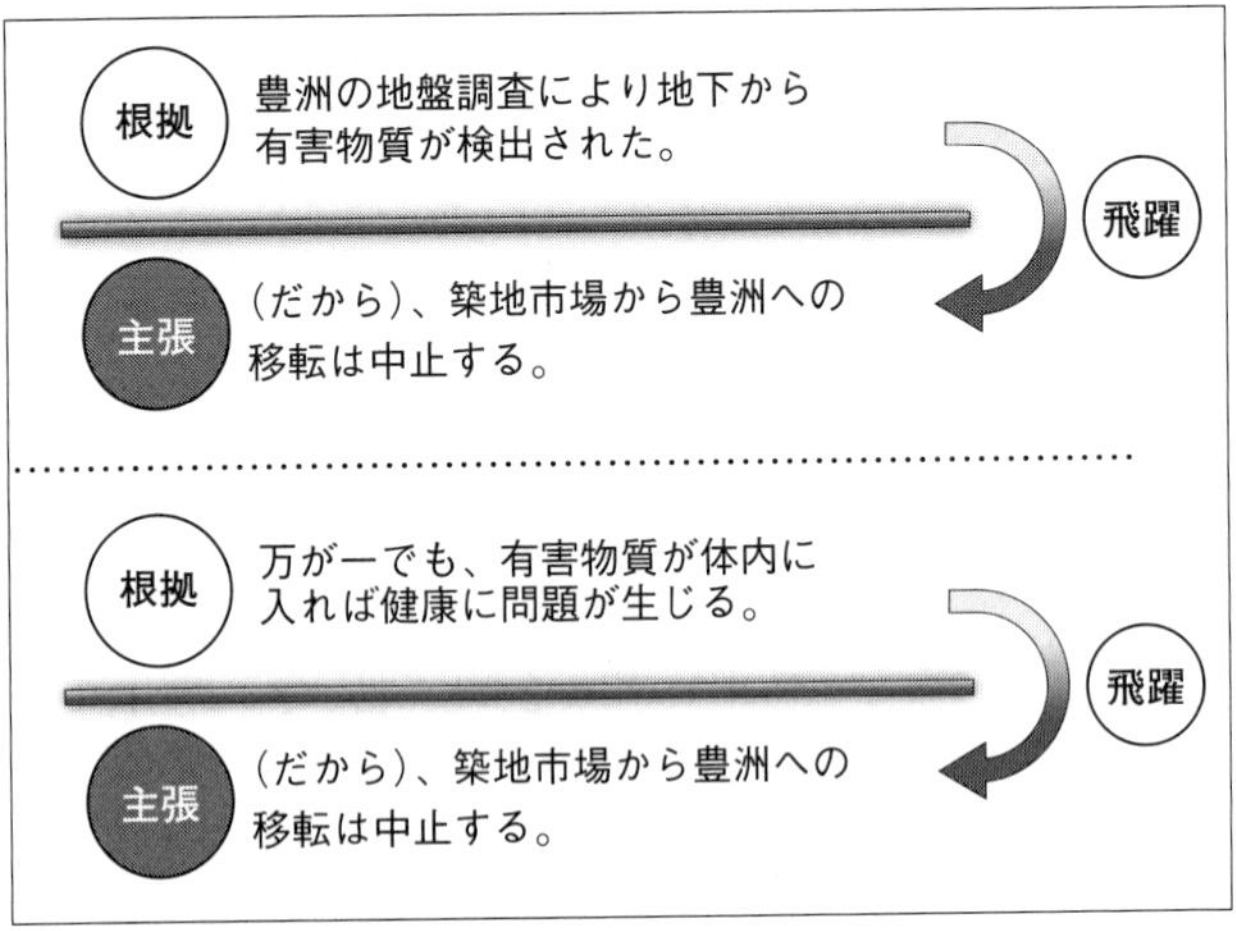

Pだ」という場合には前提と同じことを結論でも繰り返していることになります。「今日は晴天だ。だから、天気がよい」と言っていることになります。これでは生産性のある議論とは言えません。こんな論証は誰も喜びません。

先ほどの知事の論証を論証基本フォーム（図4）として示しておきましょう。

議論のレッスン＃1

さて、ここまで論証の基礎をお話ししてきました。ここで、議論のレッスンを練習問題でやってみましょう（練習問題の解答例は巻末にあります。以下同）。

練習問題1

次の論証の中で、どれが前提／根拠で、どれが結論／主張かを指摘してください。「根拠だから、主張」のように帰結を導く「だから」をあえて入れてみてください。

1. 昨日遅くまで本を読みふけっていた。今朝は疲れが残っている。夜更かしはよくないね。だって、次の日の仕事に差し支えるから。

2. 彼女はイギリスからの帰国子女だってね。じゃ、英国アクセントの英語をしゃべるはずだね。でもそうとも限らないよ。だって、両親はアメリカ人だからね。

3. 僕はインフルエンザにはかからないと思うよ。だって、予防接種をしているからね。いや、そうじゃない。予防接種をしているので、かかっても軽く済むということだ。

4. あれ、またiPhoneが見当たらない。最近、ものをどこへ置いたのかよく忘れてしまう。年をとってきたということだな。記憶力が落ちるのが老化現象の一つだから。

5. 彼は年に一度は人間ドックに行く。病気があっても早期に見つかっているようだよ。でも僕は人間ドックには行かないと決めている。だって、健康を気にする人の方が病気になりやすいっていう話を聞いたことがあるから。

練習問題2 次の会話には論証が含まれています。根拠と主張の組み合わせを取り出してください。

教員　卒論はできるだけオリジナリティのあるものを書いてもらいたいね。
学生　それは、なぜでしょうか？
教員　だって、すでに誰かがした研究を繰り返しても、それは自分の仕事じゃないからね。

学生　でも、オリジナリティっていったい何のことを指すのですかね？　よく考えてみると分からなくなってしまいます。

教員　そうだね。何をもってしてオリジナルというかは簡単には決まらないね。その人の研究のすべてがその人独自の発想であると言い切ることができないからね。

学生　道理で、オリジナリティって分かりにくいわけだ。

練習問題3　次の文章を読んで、そこに含まれている論証を取り出してください。「根拠　だから、主張」という組み合わせを文に付けられた番号で答えてください。例として「①だから、②」または「①→②」のように表現してください。また、一つの根拠から必ずしも一つの主張が導かれていない場合もありますので、注意してください。

①私の好みで言えば、警視総監はもっとも幸福な人間である。②なぜか。③彼はたえず行動しているからだ。④しかもたえず、新しい、予見できない条件のなかで行動しているからだ。⑤やれ火事だ、水害だ、地すべりだ、圧死だ。⑥泥のこともあれば埃《ほこり》のこともあり、病気のこともあれば貧乏のこともある。⑦さらにはまた、喧嘩の仲裁をしなければならないこともあり、ときには群衆の熱狂をおさえなければならないこともある。⑧こういうぐあいに、この幸福な人間は、ひっきりなしに、決然とした行動を要求する猶予のない問題に直面している。だから、⑨一般的な規則などはない。⑩紙屑のような書類もいらない。⑪行政報告のかたちをとって非難しかえしたり、慰めたりする必要もない。⑫そんなことは事務の連中にまかせておく。⑫御本尊は、知覚と行動そのものである。

（アラン『幸福論』串田孫一・中村雄二郎訳、白水Uブックス、二〇〇八年）

よりフォーマルな議論へ

論証をしていれば、その内容が日常の会話でも、お固い内容の討論でも、ここでは「議論」ということになります。それではどんな場合でも論証さえしていれば議論として通用するのでしょうか。

次の会話を見てみましょう。

会話3　裁判官A「今度の被告は終身刑にしておこう」
裁判官B「どうしてですか？」
裁判官A「だって、前の被告は死刑だったじゃないか」
裁判官B「そうですね。そうしましょう」

この会話3はもちろん実際にはありえない会話です。ところが、会話3は、先の会話1（カレーvs.ラーメン）とまったく同じ形のやりとりになっています。会話1の太郎の論証が比較的すんなりと受け入れられたのに対して、会話3の裁判官Aの論証はそうはいきませんね。仮に会話3の内容がほんとうだとしたら、読者は「おい、おい、勘弁してよ」といった感じを受けるのではないでしょうか。昼ごはんを決めるようなノリで刑罰を決められてはやりきれません。

会話1と会話3の決定的な違いを浮き彫りにするには、会話1の次郎、会話3の裁判官Bのそれぞれに次の傍線部のような更なる質問をさせてみるのです。そして太郎、裁判官Aの返事に注目するのです。会話1と会話3の続きをヒントに、みなさんは（　）に入る理由を考えてみてください。

会話1　太郎「今日のお昼はカレーにしようよ」
次郎「どうして？」
太郎「だって、昨日はラーメンだったじゃない」
次郎「そうだね。そうしよう。でも昨日ラーメンを食べたという根拠を出すと、なぜ、今日のお昼はカレーという結論になるの？」
太郎「なぜなら、（　）だからだよ」

会話3　裁判官A「今度の被告は終身刑にしておこう」
裁判官B「どうしてですか？」
裁判官A「だって、前の被告は死刑だったじゃないか」

裁判官B「そうですね。そうしましょう。でも、前の被告が死刑だったという根拠を出すと、なぜ、今度の被告は終身刑になるのでしょうか?」

裁判官A「なぜなら、（　　）だからだよ」

まず、会話1で太郎が言いそうな理由は比較的簡単に答えられるのではないでしょうか? 最初に頭に浮かぶのは「なぜなら、昨日食べたばかりのものを今日もまたお昼に繰り返し食べるのは嫌だ」「なぜなら、連日同じものを食べるって何か味気ないよね」とか、「毎日、いろいろと違うものを食べたい」といった理由でしょう。

一方、裁判官Aは裁判官Bの質問にうまく答えられるでしょうか? みなさんは裁判官Aが言いそうな何かよい理由を思いつきますか? すぐには出てこないというか、出たとしても、それは非現実的な理由になってしまうのではないでしょうか? 原理上は「だって、同じ量刑を続けるのは退屈だ」もありうる理由ですが、まともな理由ではなくなってしまいます。

「カレーvs.ラーメン」と「死刑vs.終身刑」の飛躍の程度

種あかしをします。太郎の「なぜなら、昨日食べたばかりのものを今日もまたお昼に繰り返し食べるのは嫌だ」という理由は、次郎に聞かれるまでは会話1で太郎が言っていない、または言う必要すらなかった、いわば「**隠れた**（明示されていない）**理由**」だったのです。みなさんは、太郎の、この「隠れた理由」をすぐに思いついたことでしょう。つまり、会話1では、根拠から主張が無理なく導出された（極端な飛躍がない）感じを持てたのは、太郎の「隠れた根拠（暗黙の理由）」について太郎同様、読者のみなさんも思いつくのがそれほど難しくなかったからなのです。

会話3も論証をしていますが、ここでは前提となる根拠（「前の被告は死刑だったじゃないか」）から結論である「今度の被告は終身刑にしておこう」の間にとんでもなく大きな飛躍を感じます。しかも、裁判官Aと裁判官Bの間で了解されていると思われる「隠れた根拠」が何であるかは会話1ほど明瞭ではありませんし、推測も大変難しいのです。つまり、裁判官Aと裁判官Bのやりとりがすんなりと受け入れられなかった原因は、①根拠から主張への飛躍が大きい、②隠された根拠の推定も困難、という二つの点にあるのです。

会話1と会話3では論証の形式はまったく同じでした。しかし、両者は根拠から結論への飛躍の程度という点で、大きな違いがあったことがこれで分かります。そして、飛躍がさほど大きくないやりとりにはついていけるが、飛躍が大きいとついていけないことが分かりました。

本書では議論の基礎を論証としました。それを背景としてのフォーマルな議論とは、①**根拠の適切性、②根拠から主張への飛躍が大きくないこと、**および③**隠れた根拠の明示が必要に応じて要求されるもの**とします。一方、この三つが取り立てて要求されないのが**「日常のやりとり」**とします。これが、「日常的なやりとり」と「よりフォーマルな議論」の違いなのです。

会話3にあるようなやりとりがフォーマルな場面（裁判所、国会、政治家の記者会見など）で行われているとするなら、このまま放置しておくわけにはいきません。日常的な議論では許されていたことが、ここでは許されないのです。ところがわが国では、よりフォーマルな議論をしなければならない人々が実際にはできていないことが多いのです。なぜなら、議論を知らずに育った大人が国会議員などをしているからです。ここから日本における議論の現状を見ていきます。議論の現状を検討する参照枠は先ほどの三点が満たされているかどうかです。

3　議論に強くなれ

「議論」という言葉を聞くと、読者のみなさんはすぐに「口頭での議論」をイメージするのではないでしょうか。そのイメージに反するかもしれませんが、口頭で行う議論も紙面の上で行う議論（議論を書き起こしたもの）も、本質的には何ら変わりがありません。すなわち、口頭での議論に含まれる要素のすべては、そのまま紙面での議論に適応可能なのです。

口頭の議論を公の場で聴けるのは、例えば、国会での質疑応答です。これはテレビやYouTubeで見られます。一方、紙面での議論はジャーナリストが書く新聞の社説などです。本章ではまず国会の質疑応答を取り上げます。その内容を見ながら、国会議員の議論能力を評価してみましょう。本書の最後の方ではジャーナリストの議論能力をチェックするために新聞の社説を取り上げます。そして、本書で言うところの「よりフォーマルな議論」をしていただきたいと私が願っている人たちに議論スキル（論証スキル）が足りない、もしくはない、ということも指摘したいと思います。

政治家には議論スキルが欠けている

日本の政治家の答弁で耳障りな発言のひとつに「仮定の質問にはお答えできません」というのがあります。みなさんも聞いたことがありませんか？　例えば、野党の代表者が「大臣、仮にこの時点でアメリカが経済制裁をしかけてくるとすると……」といった質問をすると、与党の議員が「そのような仮定の質問にはお答えできません」と答える場面です。この答え方は質問の内容とは独立にほぼ機械的に使われます。このような答え方は常套句《じょうとう》に近いものです。

この答え方は「あなたは、まだ起こりもしない仮定の質問をつくり、私を罠《わな》にかけようとしている。それにまんまとひっかかるようなことはいたしませんよ」と言っているようにも聞こえますし、同時に、「仮定の質問に答えるなど、いまだ見ぬ幻について語るようなもので、地に足のついた政治家の発言とも思えない。つつしむべき発言である」というような戒《いまし》めにさえ聞こえます。しかも「そのような仮定の質問にはお答えできません」と落ち着いた口調で言われると、そう言っている人が妙に大人に見えてくるから不思議です。

私は、政治家に託された仕事は「いまだ見ぬ日本の将来についてしっかりとしたヴィジョンを提示し、国民を一定の方向へ導くこと」であると思います。ですから、ほとんどが「仮定」としか言いようのない「未来」についての決定を、政治家は常にしなければならないのです。そもそも私たちが決定するべき事柄の多くは明日以降のことに関する事柄なのです。したがって、政治家で最も必要とされるスキルは、リスクマネージメントを背景にした「仮定の質問に答えられるスキル」に他ならないのです。

仮定の質問に答えられることと議論能力は大いに関係します。例えば、アメリカの大統領選挙では候補者間で公開ディベートをする場合がありますが、その会場の聴衆からの質問の多くはwhat if question（これこれしかじかの事態が仮に生じた場合に、あなたはどう対処しますか）からなっています。すなわち、これは仮定の質問です。ですから、国民はいまだ見ぬ将来についてさまざまな不安を持っており、what if questionをたくさん持っているのです。当然のことながら、このような国民の不安を合理的に解決してくれる政治家でなければ、さらに言うなら、いまだ見ぬ仮定の問題についてもさまざまな角度から答えを事前に用意してくれているような政治家でなければ、国を任せられる、また、信頼するに足る政治家にはなれないのです。このように将来的不安について質問しているときに「そのような仮定の質問にはお答えできません」などと言えば、アメリカにおけるその人の政治生命はそれで終わりです。

「仮定の質問に答えられない」と言うとき、「与党の政策は現時点ではまだ用意されていない」という政治的な理由もあるのかもしれません。しかしそういう問題はさておき、仮定の質問に答えられないのは論証の基礎が身についていない証拠です。仮定の質問であっても、質問内容には前提となる根拠が示されているのですから、その根拠が仮に正しいとして、そこから導かれる複数の結論を帰納的に述べることは可能です。

政治家の議論スキルのなさについては、本章の最後に政治家の議論の実例を挙げ、私なりのコメントをつけましたのでご覧ください。

ジャーナリストには議論スキルがあるか

みなさんは、新聞の記事とか社説は完全なものだと思っていませんか。完全とは言わないまでも、「書くことのプロが書き上げたものだ。問題があるはずがない」と信じこんでいるのではないでしょうか。それは誤りです。

結論から言いますと、世の中の大半の活字は疑う余地があります。もちろんその中にはジャーナリストが書いたものも含まれます。実際、主張がなぜ主張として成り立つかを示す根拠なり証拠などがまったく踏まえられていない記事をよく目にします。時には社説レベルで論じられている内容が単なる事実関係の記述で、主張がなかったり、逆に主張ばかり並べ立てて根拠がなかったりする場合も少なくありません。これでは議論すら開始できません。

こう言うとびっくりする方もいらっしゃるでしょうし、何を生意気な、とお怒りになる方もいるかもしれません。何が問題なのかについて、後半の「実践編」で実際にジャーナリストが書いた社説をみなさんと一緒に分析することで考えてみましょう。それもここでの私の主張の根拠部分ということにもなります。

大学教員には議論スキルがあるか

講義のときに質問して「何だその質問は。もっとまともなことを考えてから質問しろ」などと教員に言われたら、あなたはどうしますか？　怯《ひる》んでしまいますか？　それとも毅《き》然《ぜん》としてそう言われたこと自体に反論するでしょうか？　そんな事件についてちょっと話してみます。

私はここ二十数年、大学一年生を対象に議論の論理に関するごく入門的な演習・講義を担当しています。あるとき、私のクラスを履修していた学生が私のところにやってきて、

「○○学の○○先生の講義のときに、ある質問をしたらその先生からものすごい剣幕でどなられたんです。自分はなぜ怒られたのか分かりませんでした。その先生は『こんな場面で質問をするとは何事だ。そもそも、その質問は的外れだ』と終始感情的でした」と訴えたのです。その〝事件〟があって以来、その学生は質問をしないようにしている、とのことでした。

私はこの学生にほんとうに同情しました。なぜなら、私のクラスで学習した議論に関する基礎知識を他のいろいろなクラスでうまく生かしてほしいと学生たちに訴えてきたぶんだけ、落胆せざるをえなかったのです。もっとも、議論をする場面、その内容、議論する相手、その相手がこちら側の議論の「枠」をどの程度了解しているかなど、その議論の参加者が事前に知っておかなければならないことがあるのは確かです。その学生に議論を開始する前の配慮について十分指導ができていなかったのです。

他大学で心理学を教えている友人から、「質問の内容ではなく、質問すること自体に否定的な反応をする教員がいる」という話は聞いたことがありますが、日本では「質問の内容いかんにかかわらず、質問すること自体がその人に対する批判である」といった図式がまだあるのかもしれません（これは議論力がない証拠ではあるのですが……）。

ここで私が残念でならないのは、当該の教員の態度です。私は事の詳細を知りません。したがって、質問のタイミングと質問自体がまずかった可能性は否定できません。しかし、学生は教育される対象です。いろいろなことを知らなくて当然なのです。ですから、仮にその学生の質問自体に問題があったにせよ、感情的に反応して他の学生も見ている前でどなりつけることなどせずに、その学生の質問がなぜタイミング的に問題なのか、そしてまた、なぜその質問が的を射ていなかったのかを丁寧に解説するべきです。教員がそのような解説を分かりやすくするのであれば、学生はそのやりとりを通して「質問をするタイミングはいつがベストか、有効で意味のある質問とは何か」を学ぶ機会となるのです。

ある質問が「有効でなく、的を射ていない」と即断できるということは、同時に「的を射た質問とは何か」を知っていることを意味します。つまり、「的を射た質問とは何であるか」が分かっているからこそ、それとの対比で「的を射ていない質問」が定義できるのです。このことを事前に押さえておくためには、議論が開始される以前に「議論とは何か」について知っておく必要があるばかりか、議論になっている内容についての明確な考えを持っている必要があります。そして、そうした準備があるならば、この学生の質問をきっかけにして面白い議論が展開できるのです。

すべての大学教員に議論スキルが欠けているとは思えません。より正確には、議論スキルのない人が、またはそのような議論力を身につけるためのトレーニングを受けていない人が、または議論を実践していないような人が、大学の教員をしている「場合がある」ということになるのでしょう。

いずれにせよ、大学教員と名乗る人が学生を相手にそれなりの（学生が納得できる程度の）議論ができないなどは論外です。議論ができない大学教員は議論スキルをつけるように訓練するべきだと思います。そうでないと、一番迷惑をこうむるのは学生なのですから。

議論を身につけた大人になれ

ここで政治家、ジャーナリスト、大学教員をあえてやり玉にあげました。つまり、彼らの中には議論のルールを知らない人がいることを指摘しました。お断りしておきますが、国会議員、ジャーナリスト、大学教員に議論ができない人がより多いと言っているのではありません。そうではなく、これらの職種の人たちはいわば議論をすることで生活の糧《かて》を得ているのですから、この人たちには当然のこととして議論スキルを持っていてほしいのです。

これらの職業に就いている人たちを含め、日本人にはなぜ議論のできない大人が多いのでしょうか？　それは初等教育にはじまり、大学を卒業するまで、私たちは議論について何も学んでいないからなのです。わが国では、議論スキルを身につけるようなトレーニングや、議論のルールについて学ぶためのカリキュラムがないのです。ですから、議論については誰もが手探り状態です。例えて言うなら、ルールをきちんと教わったことも考えたこともないままスポーツやゲームを、自己流で、ぶっつけ本番でやっているのが現状です。

先ほど取り上げた大学教員だって、議論のレッスンを受け、「議論とは論証である」ということを理解していれば、そして「議論が語る言葉」を、「議論を語る言葉」に置き換えるスキルを身につければ、学生に対する対応も変わろうというものです。また、特に議論を生活の糧とするような職業に就いているかどうかとは関係なく、誰しも自分自身である意思決定は広い意味での議論と言えます。ですから、政治家、ジャーナリスト、大学教員ならずとも、私たちは議論に強くなるべきなのです。みなさんも、このあたりで、気を取り直し、議論スキルを身につけて、議論に強い大人になりましょう。

4　実例・政治家の議論

先ほど、日本においては、国を左右するような重要なポジションにいる人や、未来を担う若者を教育する立場にいる人の中に議論スキルに劣る人、議論スキルのない人がいるのではないかと指摘しました。ここからはその議論スキルの低さとはどの程度なのか、彼らの議論の現状を実例を通して見てみましょう。

本来なら、政治家、ジャーナリスト、大学教員とそれぞれにご登場願うのが筋ですが、ここでは代表として政治家にご登場いただき、国会議員の実際のやりとりを素材に、議論の現場において何が起きているかを見ましょう。

議論を知らずに大人になった国会議員たち

以下引用したのは、「第一九五回国会　安全保障委員会　第二号　平成二九年一二月一日（金曜日）午前九時開議」の資料です（http://kokkai.ndl.go.jp/SENTAKU/syugiin/195/0015/19512010015002a.html）。

議員は質疑応答の内容を事前に承知しているものです。ですから、スムーズにやりとりが行われるはずです。しかし、事前に書かれているものをそのまま読み上げるわけではなく、アドリブが入ったりで、まったくスムーズというわけには行きません。さらに、口頭でのやりとりは文法的な誤りや論証上で、さまざまな問題を含んでいます。そして、勢い余って余計なことまでしゃべってしまう。まあ、それは口頭での議論なので大目に見ることにしましょう。

国会の正式な議事録は、口頭のやりとりを文字通りに起こしているものですから、生のままの議論能力が反映されている素材と言えます。その意味で素材としてはよいものです。なお、ここでの国会議員の議論内容はあくまでも論証（議論）の構造、論証間の論理的関係性、導出の妥当性、質疑応答の在り方、論証に使われる事実、推測、考えについて吟味するための単なる素材として扱っています。著者の政治的な見解について述べるなどの意図は一切ありません。

ここでは、質疑応答の議論スキルは次の基準を使います。

議論スキル①　発言者の主張は明示されているか？

議論スキル②　発言者は自分の主張の根拠を提示しているか？
議論スキル③　隠れた根拠について言及しているか？
議論スキル④　根拠から主張への飛躍が大きすぎないか？
議論スキル⑤　聞かれていることに答えているか？
議論スキル⑥　質疑応答はその内容が継続しているか？
議論スキル⑦　根拠の信頼性は担保されているか？

これらの議論スキルには含めていない議論上の問題点については、そのつど本文中で解説します。文中のQは質問、Aは返答です。例えば、Q1とA1が対応したやりとりを示します。なお、質疑応答に直接関係のない箇所は省略しています。（　）内は私が追加したものです。

［質疑応答］

⑴本多委員　立憲民主党の本多平直です。私からも北朝鮮問題を中心に質問をさせていただきたいと思います。一昨日の弾道ミサイルの発射、これに関しましては、

私からも強く北朝鮮に対し抗議をしたいと思いますし、立憲民主党としても、一昨日、即日に抗議声明を出したところであります。政府におかれましても、こうした対応が繰り返されないように万全の対策をとっていただきたい、こう考えています。（中略）

先ほどちょっとまだ明確にならなかったんですが、安倍総理は、全ての選択肢がテーブルの上にあるとのトランプ大統領の立場を一貫して支持と言っています。（Q1）全ての選択肢にアメリカからの先制的な軍事攻撃、これが含まれているのかどうか。もう一度、外務大臣、お願いします。

(2)河野国務大臣（A1）全ての選択肢というのは全ての選択肢ということだろうと思います。

(3)本多委員　それは、（Q2）そこには含まれている、それを支持しているという理解でよろしいんでしょうか。

(4)河野国務大臣（A2）繰り返すようで恐縮でございますが、全ての選択肢というのは全ての選択肢だろうと思います。

(5)本多委員（Q3）全ての選択肢ということは全ての選択肢はわかりました。それを支持していると安倍総理は申していますが、それを支持しているということでよろしいんでしょうか。

(6)河野国務大臣（A3）全ての選択肢がテーブルの上にあるというトランプ大統領の立場を一貫して支持してきている〔**議論スキル⑤**〕。

(7)本多委員（Q4）我が国は、国際法上、予防攻撃、先制攻撃は違法という認識でよろしいんでしょうか。

(8)河野国務大臣（A4）一概には言えないんだろうと思います（主張）。具体的にそれぞれの事象に適して、国際法に違反しているものは違反しているし、適しているものは適しているということになると思います（根拠）。

(9)本多委員　これまでの政府の答弁を大きく変えられる今御答弁をされていますよ（主張）。例えば、前大臣、岸田大臣の答弁、これは五月二十七日ですけれども、岸田前大臣は、国際法上は、予防攻撃も先制攻撃も認められておりません、これは国際法に違反するものであります、我が国は、国際法に違反する武力行使を集団的自衛権において支援する、こういったことは全くあり得ませんと（根拠）〔**議論スキル⑦**〕。後段はいいです。（Q5）前半の岸田前外務大臣の答弁を変えられるんですか。

⑽河野国務大臣（A５）我が国は国際法上違法なものは支持しないという立場は、そのとおりであります（主張）。個別具体的にそれが一方では先制攻撃に当たると主張する場合もあるでしょうし（根拠）、そう主張はしているけれども実際はそうでない場合もあるでしょうから（根拠）、これは個別具体的に判断をしなければいけないものなんだろうと思います（主張）。片方が明らかに先制攻撃でない場合であっても（根拠）、他方が先制攻撃であったという主張をする場合もありますから（根拠）、こういうものは個別具体的に判断をしなければいけないものであって（主張）、その上で、我が国は国際法上違法なものは支持しないという立場には変わりございません（主張）〔**議論スキル⑤**〕。

質問は演説ではない

議論スキル①～⑦には含めていませんが、質疑応答する際には、演説をするべきではありません。ですから、本多さん⑴はQ１から始めるべきなのです。多くの場合、質問者は自分の質問の正当性を示すために何らかの主張をしてしまう。主張するからには根拠が必要になります。したがって、それが正当な論証かどうかは返答者の方が吟味することになります。そして質問の論証自体に問題があると、質問自体が有効でなくなる可能性がありますます。ですから、質問だけをする。質問では論証をしないのが一番です。質問は短く、相手に話させるのです。

同語反復は意味がない

Ａ１はＱ１に一見、返答しているように見えますが、していません〔議論スキル⑤〕。トランプ大統領の「全ての選択肢がテーブルの上にある」という立場を支持していると言っているという安倍総理の言葉を引用して、本多さんは「全ての選択肢にアメリカからの先制的な軍事攻撃、これが含まれているのか」と聞いています。これに河野さんは、「含まれている、含まれていない」のどちらかで答える必要があります。しかし、河野さんは「全ての選択肢というのは全ての選択肢」と同語反復しています。

同語反復は本書のスコープから外れてしまいますので、詳細は言及できません。簡単に言うなら、同語反復は「必ず真となる命題」のことです。つまり、それが真であると知っていても何かについて知っていることになりません。実際の議論場面で、同語反復は無意味なのです。ですから、議論スキルには含まれていませんが、議論上では返答になりません。

また、河野さんは「全ての選択肢」に先制的な軍事攻撃が含まれているかどうかについては最後まで答えようとしていません。本多さんもQ２で同様な質問を繰り返していますが、河野さんはまた同語反復で答えています。

国会での与党の応答は野党からの追及を避けたり、はぐらかしたりするテクニックに満ちています。ですから、議論についてよく知っていないと、質問が適切であったとしても、はたからは応答する方が議論をコントロールしているように見えてきます。河野さんは同語反復の意味を知らずに使っていると推測できます。その意味を知っていてあえて同語反復を使っているなら議論上のルール違反です。質問者は同語反復がルール違反であることを河野さんにはっきりと示して、「ちゃんと答えをもらっていないこと」すなわち河野さんの返答が破綻《はたん》していることを国民に伝えるべきでしょう。

各質問が独立であってはならない

Ｑ３への返答Ａ３は「全ての選択肢」に先制的な軍事攻撃が含まれているかどうかの確認の質問への返答です。ところが、その直後のＱ４では、「全ての選択肢」に含まれる内容についてではなく、一転、「予防攻撃、先制攻撃の違法性」についての質問に移行してしまっています。これはまずい。こちらからの質問と相手からの返答の組み合わせが次の質問のネタになるのですから、簡単に話題を変えてしまっては、追及したい内容が継続しなくなってしまいます〔**議論スキル⑥**〕。

さらに、議論は言語規則に基づいて行われているはずですから、「全ての選択肢」というときの「全て」には「先制攻撃」が含まれているとして問題ありません（このことについては、初級編の演繹的論証のところで触れます）。ですから、「全ての選択肢」の中に「先制攻撃」が含意されていることを相手に伝えるべきでしょう。それを受けて、次に国際法上での予防、先制攻撃の違法性についての質問を開始すれば、質問の内容に意味的継続性が生まれます。

根拠の内容を分かりやすく明示的に

次に、予防攻撃、先制攻撃は違法という認識でよいのかという質問に対して、(8)河野さんはA４「(違法かどうかは)一概には言えない(主張)」としています。

そしてその根拠は、「(a)具体的にそれぞれの事象に適して、(b)国際法に違反しているものは違反しているし、(c)適しているものは適しているということになると思います（根拠）」です。この河野さんの発言は、議論以前に日本語として分かりにくい。ここは推測せざるをえません。なぜ、この不明な点を本多さんはその場で問いたださないのでしょうか？

なお、「一概には言えない」とは複数の物事を同様に扱うことはできないことを指します。つまり、細かな違いを度外視することができないという意味で使われます。このような発言は後々の質問のためにもしっかり押さえておいた方がよいでしょう。

Ａ４の内容を推測してみますと、まず、(a)は当該の行為をそれぞれの事象ごとに内容を具体的に取り上げ、それが予防攻撃、先制攻撃かどうかを吟味する必要がある、というように読み取れます。この推測が仮に正しいとすると、難しい問題が二つ浮上します。第一に、どこからどこまでがひとつの事象かを決定するのは難しく、そのために「ある基準」を出す必要があるということです。そして、第二に、この事象を吟味するにはとりもなおさず、この「基準」である予防攻撃、先制攻撃とは何を指すのかが事前に仮定されている必要があるという点です。この場合の「仮定」とは、字義どおり「仮に正しいと定めたもの」ということです。これは中級編の〈論拠が経験的事実に意味づけをする〉のところで詳しく触れます。

さらに問題は、河野さんが、事象として具体的事例を取り上げる（「具体的にそれぞれの事象に適して」）というその行為に、暗黙に「予防攻撃とは何か、先制攻撃とは何か」についての定義や仮定が含まれることに、気がついていない点です。仮に、それについては知っていて、このような答弁をしているなら、あまりにも無防備な議論です〔**議論スキル③**〕。

この問題点に本多さんが気づいていれば、その点に言及して質問をするべきなのです。例えば、「具体的にそれぞれの事象を取り上げるには、その背景となる予防攻撃、先制攻撃とは何かが定義され、仮定されている必要がありますね。これについての政府の見解を明確にしてください」といったような質問です。おそらく、これには答えられないでしょう。

先ほどの質問との関連で、次のような質問を重ねてもいいかもしれません。質問1として「予防攻撃、先制攻撃が違法かどうかは一概に言えないと言われましたね。ということは個々の具体的事象の差異があるということですね?」。これに対して河野さんはおそらくイエスと答えるでしょう。そうでないと「一概」という言葉は使えませんから。そうしたら、その返事を受けて質問2では、「具体的事象Aと具体的事象Bの違いはどうして検出可能なのでしょうか?」と聞いてみる。これらの質問で聞き出そうとしているのは同じく予防攻撃、先制攻撃に関する政府の定義です。

図5

根拠1 個別具体的にそれが一方では先制攻撃に当たると主張する場合もある。

根拠2 （当該国は）主張はしているけれども**実際**はそうでない場合もある。

根拠3 片方が**明らか**に先制攻撃でない場合がある。

根拠4 他方が先制攻撃であったという主張をする場合もある。

結論 **だから、これは個別具体的に判断をしなければいけない。**

河野さんの返答である(b)(c)はまたもや同語反復になっています。先ほどと同じ理由でこれも返答としては破綻しています。

次に、河野さんのA5における論証を基本フォームにしてみると図5のとおりです。

形の上では論証になっています〔**議論スキル**①、②〕。ところが、これらの根拠から結論の導出が自明ではありません。ひとつには根拠の内容が不明な点が挙げられます〔**議論スキル**②、⑦〕。そのため根拠と主張をつなぐ「隠れた根拠」〔**議論スキル**③〕がよく見えてこないのです。ここではこの隠れた根拠とは「予防攻撃、先制攻撃とはこれこれじかじかのことである」という内容のものです。隠れた根拠についての推定は「カレーvs.ラーメン」の例のようにはいきません。したがって、ここでは「隠れた根拠」を明示する必要があります〔**議論スキル③**〕。

図5の根拠1は、「ある国が自国の基準に照らし合わせるなら先制攻撃に当たると主張する場合もある」となります。根拠2は、「ある国が先制攻撃に当たると主張はしているけれども、別の基準に照らし合わせると、実際は先制攻撃とは言えなくなる場合もある」という意味でしょう。このとき、「実際」が指すものが事実として存在するのではなく、ある基準に合わせて得られるはずの結果のことを「実際」と言っているのです。根拠3は、「片方の国で何らかの基準と照合すると明らかに先制攻撃でない場合がある」ということでしょう。ある基準と照合した結果が「明らか」になるのであり、その照合なしにははじめから「明らか」にはならないからです。さらに、根拠4は、「他方の国が自分たちの基準に照合するなら、先制攻撃であったという主張をする場合もある」ということです。

「実際」「明らか」などの言葉が気楽に使われていますが、それが先制攻撃との関係において指し示す対象が自明ではありません〔**議論スキル③**〕。このように書き換えてみると、ある行為が先制攻撃であるかないかは、すべて「先制攻撃をどう仮定するか」に依存していることが分かります。繰り返しになりますが、それが明確にされて、はじめて河野さんの言う「具体的事象」が何か分かるのです。

国会議員の質疑応答を振り返る

ここで国会議員の議論の問題点をまとめておきます。

1. さすがに、主張は出されていました。〔**議論スキル①**〕
2. 主張が出されていても、論証全体としては不十分な議論が見られました。すなわち、提示された根拠の内容が不明であるため、どうしてそこから当該の主張が導かれるのかが不明でした。〔**議論スキル②**〕
3. 隠れた根拠にまったく触れていません。また、その確認が行われていません。〔**議論スキル③**〕
4. 隠れた根拠が推定できない論証が多く見られます。すなわち、飛躍が大きすぎることを示唆します。〔**議論スキル④**〕
5. 相手から何を質問されているかを明確にとらえ、そのとらえた質問について直接関係のあることを言うことはできていません。〔**議論スキル⑤**〕

6. 質疑応答の意味的連続性は保たれていません。トピックがすぐに変化する傾向にあります。〔**議論スキル⑥**〕

7. 根拠の裏が取れていない、曖昧で抽象度の高いものが使われる傾向にあります。〔**議論スキル⑦**〕

国会での議論は諸般の政治的事情があるため、多くの場合、曖昧で分かりにくいやりとりになるのが常です。しかし、それを勘案してもなお、論証という観点から議論を評価する限り、質的には相当に低いものです。

議論のレッスン#2

さて、ここまでお話ししたことの理解度を確認するために練習問題で議論のレッスンをやってみましょう。

練習問題4　次の文章から論証を取り出してください。

日本の教育は考えることではなく、暗記を重視してきたとよく指摘される。例えば、学生たちは「一六〇三年に徳川家康が江戸幕府を成立させた」と憶えて、年号、人物、地名のどれかがブランクになっているところを埋めるというようなことに終始してきた。だから、彼らは考えるということが身についていないと言われている。何らかの事実があり、帰結を導く接続詞を挟んで、何らかの結論を導出するときに発生するのが思考なのだから、複数の事柄の関係性に注目することが思考のトレーニングになる。トレーニングで特に重要なのは言葉どうしの関係性だ。なぜなら、事実関係も関係ではあるが、言語規則に則った関係ではないからだ。言葉と言葉の関係に敏感になっていくこと。これが論理の基礎に他ならない。

練習問題5　次の文章から論証を取り出してください。

リポソームは閉じた球体である。球体の膜（「皮」にあたる）に、精製されたATP分解酵素が埋め込まれている。球体を水中に分散させる。水中にはナトリウムイオンが含まれている。しかしナトリウムイオンは膜を自動的に通過することはできないので、閉じた球体であるリポソームの中には進入することができない。もし、ATP分解酵素がきちんと仕事をすれば、ナトリウムイオンは、ATP分解酵素の内部の細い通路をたどって水中から、リポソームの内部に運ばれる。しかしまだそれは起きない。なぜなら、水中にはATPが存在しないからである。ナトリウムイオンに、ある仕掛けがしてある。放射性同位元素という標識が仕込んであり、もしわずかでも水中からリポソームの内部へナトリウムイオンが移動すればその数が後で割り出せる。

（福岡伸一『世界は分けてもわからない』講談社現代新書、二〇〇九年）

入門編

議論のルール・その1

1　スポーツと同じように議論にもルールがある

ルールとは何か

サッカーを実況中継している解説者が興奮ぎみに「ゴ――――ル」と叫びまくり、サポーターは上を下への大騒ぎをしています。こんな情景をときどきテレビで見ます。どうしてサポーターは大騒ぎをするのでしょうか。それはもちろん自分の応援するチームが得点したからです。それではどうして得点したことがサポーターに分かるのでしょうか。それはサッカーのルールとして「手以外の体の一部を使って送り出したボールがゴールネットに入れば得点になる」ということを知っているからです。読者のみなさんはここまでの話を読んで「なんとバカバカしく当たり前のことを言っているんだ」と思われるでしょう。しかしそうおっしゃらずに、もう少し私の話を聞いてください。

ある一定のルールがサッカーという競技をはじめる前に決定されています。そのルールは競技に参加するすべてのプレーヤーに、そして観衆に承認され共有されています。その共有されているルールに則《のっと》って競技がなされるからこそ、勝敗が決定でき、ゲームに意味が生じるのです。すなわち、ルールに照らし合わせて観戦できるからこそ、何が有効な得点であり、また、何が有効でない得点であり、さらに、何がイエローカードに相当する行為なのかが判定可能となるのです。ですから、自分の応援するチームがゴールして大騒ぎをすることは当たり前な出来事ではなく、ルール支配のなせるわざなのです。言い換えるなら、ルールとはゲームの最中に何かが起こったとき、それがゲームにとってどんな意味を持つこととなのかを判断する基準なのです。

仮にルールが決まっていないサッカーを考えてみましょう。どんなことになるでしょうか。試合会場に行ってみると、あるプレーヤーはアメリカン・フットボールの防具を身にまとって、野球のバットのようなものを持っています。そしてそのプレーヤーは相手を好き勝手に倒し、そのバットでボールを打ち込もうが、足で蹴ろうが、とにかくゴールすれば得点になるのだと言っています。また、他のプレーヤーはボールを足で蹴る必要などないと言っています。このプレーヤーはゴールの際にはボールを手に抱えてゴールすると考えているのです。

こんな調子で二二人のプレーヤーが自分なりのルールを持ち込んで試合を開始したら、何が起こるでしょうか。おそらくは、自分のルール以外でゴールした場合、そのゴールは認めないと言い張るでしょう。互いにそのような主張をする二二人がいるわけです。そうなると、何を有効な得点として考えればよいのか分かるはずはありません。また、何をしたらイエローカードに相当する行為になるかも不明のままです。これでは何が何だか分からないばかりか、そんなゲームを見に来るサポーターもいないでしょう。

ルールを適用するときに注意すること

前置きが長くなりましたが、私が申し上げたいのは、スポーツと同じように議論にもルールがあるということです。より正確に言うなら、「生産性のある議論をしようとするならルールがあったほうがよい」ということです。

たとえば、より分かりやすい議論をするのであれば、序章でお話ししたように、自分の発言が「論証の形をとっていること」が基本ルールです。すなわち、主張があり、それを導くための根拠があり、さらに「隠れている根拠」が提示されれば最高です。また、根拠の適切性、「根拠からどのようにしてある特定の主張が導かれたのか」の導出の妥当性について吟味することもルールということになります。

サッカーと同様、**議論のルールを適用するときに守るべきは、議論の参加者すべてに同じルールが事前に承認され、議論がそれに則って行われること**です。そうでないと、どんな議論がより有効（ゴールに相当する）であり、どんな議論が相手に対する非礼行為（イエローカード）であるか、誰にも判断ができないことになります。つまり、みんなが共有できる議論のルールを参照枠としながら議論を進めることにより、議論におけるルール違反も見つけられるということです。

ルールの適用についてここで注意が必要なのは、どのような議論をどのレベルでするのかということと、その際に使われる議論のルールとは大いに関係があるということです。ですから、すべての議論に同じルールが適用されるわけではありません。本書では言及しませんが、例えば、科学的議論をする場合と、道徳・倫理・宗教などについて議論する場合、同じルールを適用するのは困難です。その意味において、これこれしかじかの議論をするにあたり「どの議論ルールがベストか」を議論する余地があることを念頭に置いておく必要は当然あります。

実際の議論では議論のルールなるものが議論の参加者に共有されていない場合がほとんどです。ですから、その場を感情的に支配する人の「ルール」が通ってしまったり、議論の場面場面でその「ルール」が知らぬ間に変わっていたり、一番「偉い人のルール」に泣く泣く従わざるをえなかったりすることになるのです。

一般に、議論では審判にあたる人がいません。ある意味参加者ひとりひとりが異なる判断基準をもつ審判になっているのです。異なるルールをそれぞれが持ち込むサッカーのゲームと同じです。ですから、サッカー以上に、**議論では不正なルールがはびこる余地があるのです。**

「基準」があるから評価ができる

ここまでお読みになった読者のみなさんは、ルールのない議論がどんな様相を呈するかは簡単に想像できるでしょう。例えば、議論の参加者のひとりが、あなたには明らかに「白」に見えるものに対して「これは黒だよな」とナイフをあなたの首もとに突きつけ言い寄っています。あなたは仕方なくそれが「黒である」ことを認めざるをえません。また、ある人はヒトラーよろしく自分の意見の優秀性だけを激しい調子で主張し続けています。それでいて、主張の裏づけはまったく提示されません。さらに、ある人は「コンビニで買ったおにぎりの海苔《のり》がまずかったのは、〇〇湾の堤防により海流に変化が生じたからだ」とどなっています。根拠の適切性についてはまったくお構いなしです。読者のみなさんはこのような人たちと議論をする気になるでしょうか。

ここで挙げた例はもちろん、わざと誇張したものですが、これに近い議論を私はときどき実際に経験します。最初に例示した乱暴な論法は、本人が自分の議論の恫喝《どうかつ》性に気づいていない場合も含めます。このように、その場においてより立場の強い人はより弱い立場の人に、このような論法を使っていないでしょうか。また、ヒトラーの例のように根拠を提示しないのに主張だけが述べられるケースもよくあります。これも「議論のルールを無視した乱暴さ」という点において、はじめの例と根は同じです。特に感情的に主張を繰り返すような場合はやりきれません。また、おにぎりの海苔の例では、根拠が提示されて論証の形式になったかと思うと、その根拠と結論との間にあまりにも大きな飛躍がありました。こうしたケースも珍しくありません。

このように各自が自分なりの議論のルールを持ち込むと生産的な議論ができないのは一目瞭然です。これらの議論(?)は、議論のルールに照らし合わせて修正していけば、

「議論可能」なよりよい状態になるのです。

議論のルールをサッカーのルールとのアナロジー（類比）で話す場合に誤解しないように気をつけたいのは、議論は必ずしも白黒が明確につく試合ではないということです。ある人の議論がより有効（ゴールに相当）であることを議論の参加者の大多数が承認するような場合でも、それは必ずしも、その人の議論が絶対的に正しかったことを意味するわけではありません。

ここで重要なのは、議論の勝ち負けより議論を評価する必要がある場合に、その議論をある「基準」または「ルール」に照らして評価できるということです。すなわち、**基準があるからこそ、他者の議論だけでなく、自分の議論に対しても評価ができる**のです。「あなたの考え方は誤っている」とか「あなたの論証には問題がある」と誰かに指摘された場合でも、それに対してむやみやたらに反発するのではなく、その指摘の正当性をある「基準」または「ルール」に照らし合わせることで自分でも承認できるようになるというわけです。

このように議論のルールについての一定の理解を議論の参加者が共有できるのであれば、議論における「ゴー――――ル」がより見えてくるのではないでしょうか。議論に関してある「基準」または「ルール」を自分の中に持つことは、自分の議論をある程度突き放して眺めるということに他なりません。

2　トゥールミンの議論モデル

序章の〈「日常のやりとり」から「よりフォーマルな議論」へ〉のところで、「**議論とは論証を基礎単位として話し合うこと**」であるというお話をしました。この定義のように、議論を構成している要素に分けて考えない限り、「議論」とはいつまでたっても何だか分からない代物《しろもの》なのです。ところが、議論の在り方については誰もが同意するようなルールが議論開始以前に用意されているわけでもありません。そこで、本書においては定式化された議論として「トゥールミンの議論モデル」を使います。

トゥールミンの議論モデルのパワーの秘密

みなさんは「議論のレッスンをするのにどうしてここで議論のモデルが出てくるのか」

とお思いかもしれません。そこで、なぜ「トゥールミンの議論モデル」なるものを紹介するのかについて簡単に触れておきましょう。このモデルはイギリスの分析哲学者スティーブン・トゥールミンが提案したもので、議論に関する書物には必ずと言ってよいほど引用される有名なモデルです（Toulmin, 1958）。

トゥールミンの議論モデルをご理解いただくために、ちょっとだけ復習をします。序章の「カレーvs.ラーメン」における太郎と次郎の会話を思い起こしてください。太郎の「今日のお昼はカレーにしようよ」という主張は、「昨日はラーメンだったじゃない」を根拠としていました。このやりとりについて、みなさんに思い出していただきたいことがあります。それは、「昨日はラーメンだった」という事実を理由に用いると、なぜ「今日はカレーにしよう」という主張につながるように感じるのかという点です。

この場合には太郎が次郎に告げていない、いわば「隠れた根拠」がありましたね（42ページ参照）。そして、この「隠れた根拠」がうまく作用しているからこそ、太郎と次郎の会話がスムーズだったのでした。言い方を変えれば、この「隠れた根拠」がうまく作用しなかったら（すなわち会話に参加する人の間で同じ「隠れた根拠」が共有されていなかったら）、議論は分かりにくいものになるのです。

トゥールミンの議論モデルをみなさんにご紹介するのは、論証におけるこの「隠れた根拠」に光を当てることで、分かりにくくなりがちな議論を少しでも分かりやすくするためです。このことについてこれから詳しくお話をします。

トゥールミンの議論モデルでは、この「隠れた根拠」のことを「論拠（Warrant）」と呼んでいます（これについてはあとでより詳細にお話しします）。Warrantとは「保証する」という意味です。すなわち、根拠から主張や結論を導出する場合に、論拠を使うことで、「この根拠からこの主張を導いても問題はありませんよ」ということを保証することを示します。「隠れた根拠」というのですから、論拠も根拠も理由の一部です。また、トゥールミンは「明示されている根拠」（例「昨日はラーメンだった」）を主張に結びつけるときに、この「隠れた根拠」すなわち、論拠が作用すると言っています。

さて、ここまでに出てきたトゥールミンの議論モデルのキーワードは「主張」「根拠」「論拠」でした。この三つの要素の関係を図示すると図6のようになります。「導出」「飛躍」は図1と図3で使用した語で、それらに対応している部分をトゥールミンの議論モデルに書き込んだものです。

図6

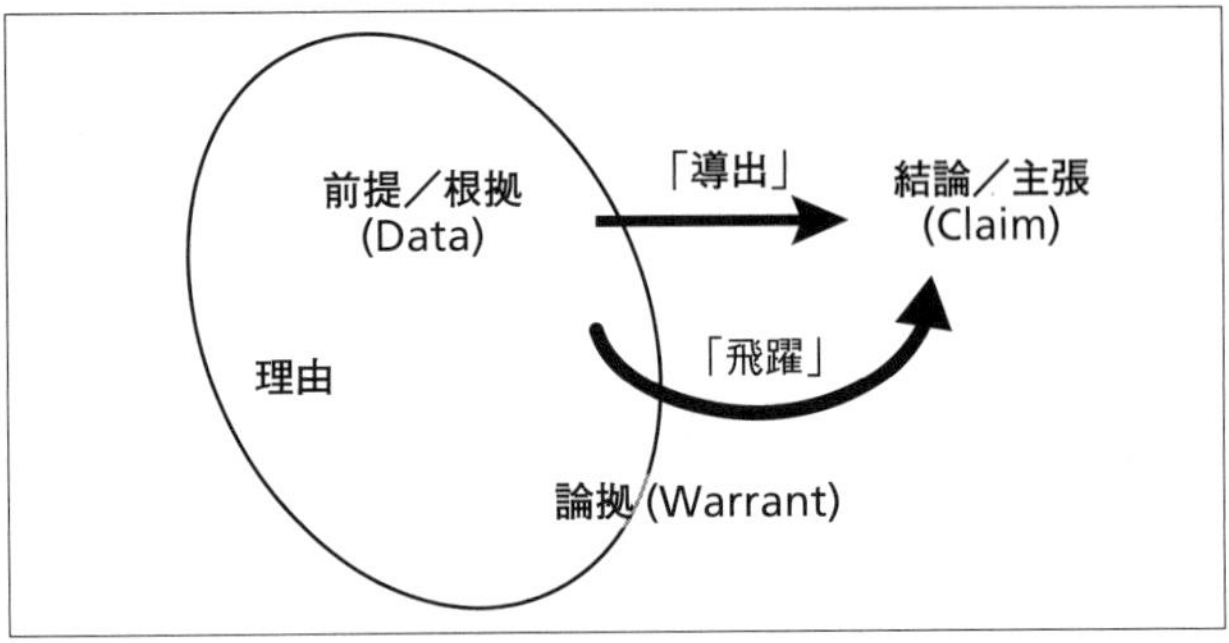

私はこの「隠れた根拠（＝論拠）」の、議論における役割を重視しています。そしてトゥールミンの、議論モデルは、私が重視しているポイント（論拠）に注意を喚起してくれるモデルなのです。読者のみなさんも、身のまわりのさまざまな議論を「論拠」に注目しながらあらためて分析してみると、きっと面白い発見をされると思います。

3　事実で答える習慣

さて、ここからは会話や議論の例を眺めつつ、より具体的なお話をします。そして、議論で使われている言葉をトゥールミンの議論モデルの用語に置き換えていきます。このことにより、論証について、トゥールミンの議論モデルについてより理解が深まるはずです。

なお、最初にお断りしておきますが、この本ではトゥールミンの議論モデルを単にオリジナルのままで紹介するのではなく、本書の内容を踏まえて修正を加えながら話を進めます。そしてその場合にはどこが修正事項かを明示するようにします。

一朗「彼女は今日どうしてミーティングに来なかったのかな?」
花子「発熱したそうですよ」

読者のみなさんはこんなやりとりをしたことがないでしょうか。もちろん、日常交わされる会話としてはまったく問題ありません。実はここで私が問題にしたいのは、むしろ、**「どうしてそれが問題にはならないのか」**なのです。それを追求していきます。

このやりとりにおいては、一朗の質問に対しての答えは花子から得られているようです。でもちょっと考えてみると、このやりとりには何か妙なところがあります。お気づきでしょうか?

最初の一朗の質問では「彼女が来なかったことの**理由**」を聞いているはずです。ところが、この「理由を聞いている質問」に対して、花子は「発熱」という「経験的事実」で答えており、かつそれが答えとして、すなわち理由として成立しているようなのです。「当たり前じゃないか」とおっしゃらず、もうひとつの例を見てください。

序章の知事と記者の会話のところで、知事が「築地市場から豊洲への移転は中止する」と主張しましたね。そして記者からの「何か具体的な理由はあるのですか？」という質問に対して、もし、知事が「中止したいから中止するんだ」と答えたのでは、主張は何ら根拠を持ちません。すなわち、それは単なる戯言《ざれごと》になってしまい、主張とはなりえません。

記者の質問に対し、知事は「第一に豊洲の地下からは有害物質が検出されている。第二に、万が一でも、有害物質が体内に取り込まれると健康を害する」と根拠を示しました。この例も、先ほどの「欠席、発熱」の例と同様、「理由」を聞く質問に対して、「有害物質の検出、有害物質の体内取り込みの危険性」といった「経験的事実」で答えています。この二つの例が示すように、**私たちは習慣的に、聞かれた「理由」に対して「事実」で答える**ということを行っているのです。このような根拠のことをトゥールミンは「**データ**」と呼んでいます。

さて、ここで私が追求しているのは、「理由」が聞かれているにもかかわらずその答えとして「事実」が提示され、かつ、それが理由として成立しているように「感じられる」ことでした。どうしてこのようなことが生じるのでしょうか。どうやらここに議論・論証の重要なカギが潜んでいるような気がします。次からそのあたりをさらに探ってゆきましょう。

4　ほんとうの理由を知りたい

私の疑問の答えを探るために、はじめにお示しした「彼女は今日どうしてミーティングに来なかったのかな?」「発熱したそうですよ」のやりとりの続きを見てみましょう。

一朗「彼女は今日どうしてミーティングに来なかったのかな?」
花子「発熱したそうですよ」
一朗「薬でも飲んで、来ようと思えば来られるんじゃないか?」
花子「でも、かなりの熱があるんで、動けないらしいですよ」

一朗「自分で動けないなら、車椅子で誰かに連れてきてもらえば来られるよ」
花子「彼女は発熱しているんですよ。風邪かもしれない」
一朗「そんなことは知っているよ。僕の知りたいのは彼女がここに来られない直接の理由なんだ。彼女の症状が知りたいわけではないよ」
花子「じゃ、どんな理由を言えばいいの。分かんないな」

この会話は「理由」と「事実」の関係を誇張するためのものですが、この会話の内容を花子の立場からの「主張（結論）」とその「根拠」という枠組みから考えてみましょう。主張は、「彼女は今日ミーティングに来られない」であり、その根拠は「彼女は発熱している」です。一見成立していたように思えたこの会話（はじめの二行）も、一朗のようなことを言う人間を相手にしたとたん、「発熱」という根拠を出しても「ここに来られない」という主張が自動的には成立しない、ということを意味します。別の言い方をするなら、「発熱」という事実と「彼女がここに来られない」という主張（結論）が論理的に結合するには、両者を介在する〝何か〟が必要なのです。それはいったい何でしょうか。

暗黙の仮定＝「論拠」

主張（結論）と事実を論理的に結合しているものを探ってみましょう。発熱という経験的事実が「彼女がここへ来られない」という主張の理由として使用される場合、花子が「発熱」とそれにまつわる出来事に関していくつか暗黙に仮定していることがあります。それは以下に示すようなものです。

［花子の暗黙の仮定］

1. 人間は健康であるべきだ。
2. 発熱は病気である。
3. 病気は治すべきだ。
4. 病気は感染する可能性がある。
5. 病気は人に移してはいけない。
6. 治療には安静が必要だ。
7. 安静とは必要以上に体を動かさないことだ。
8. その他

暗黙の仮定1～8はすべて発言した人が想定した仮定であり、その人が暗黙にそう考えているののです。「発熱」という事実と「彼女がここに来られない」という主張（結論）が論理的に結合するのに必要だった、両者の間に介在する〝何か〟とは、実はこれらの仮定のことなのです。つまり、これらの仮定を使わないと経験的事実と主張は結びつかないのです。これで私の疑問（どうして事実が理由として使えるのか）がやっと解消しました。万歳。

このように考えていくと、主張を支持するためには、根拠となる「事実」と、根拠と主張をつなぐ「暗黙の仮定」の両方が理由として必要であることが分かります。このように主張と根拠（または経験的事実）を結合させる役目をするこの「暗黙の仮定」を、トゥールミンが「**論拠**」と命名していることは前述のとおりです。本書では、今後は「暗黙の仮定」または「隠れた根拠」と同じ意味でこの「論拠」という言葉を使用します。

なお、「仮定」という言葉を断りなく使いました。序章でも述べたとおり、仮定とは「仮に正しいと定めたもの」という意味で使います。ですから、定義からして仮定の内容は正しいかどうか分かりません。論証において仮定は事実とは異なる役目をするのです。

ちょっと脱線しますが、この「論拠」という考え方は読者のみなさんにとってあまりなじみがない、違和感のある考え方かもしれません。それは私たちが議論をする際、いつも意識している事柄については触れても、隠れていて意識していないものについては触れることが少ないためです。すなわち、論拠を心の中から取り出して、言語化することを私たちはふだんしていないのです。ふだん思い起こしていないこの「暗黙の仮定＝論拠」という考え方は、議論を進めるにあたり中心的な役割をします。論拠の機能、役目についてよく知るということと「議論とは何か」を知ることとは、深く関係しているのです。別の見方をするなら、「議論とは何か」が分かりにくいのは、その中心的考え方である「論拠」になじみがあまりないせいであるとも言えそうです。

「暗黙の仮定」を「論拠」と呼ぶことにしましたので、再度、普通のやりとりをトゥールミンの議論用語に置き換えます。図7で「カレーvs.ラーメン」と「一朗vs.花子」の例を示します。

［論証の一般形式］「**根拠　だから、結論／主張　なぜなら、論拠**」

図7

「カレー vs. ラーメン」の例

根拠　昨日のお昼はラーメンだった。

結論　だから、今日のお昼はカレーにしよう。

論拠　なぜなら、昨日食べたばかりのものを今日もまたお昼にくり返し食べるのはいやだからだ。

「一朗 vs. 花子」の例

根拠　彼女は発熱している。

結論　だから、ミーティングに来ない。

論拠　なぜなら、

1. 人間は健康であるべきだ。
2. 発熱は病気である。
3. 病気は治すべきだ。
4. 病気は感染する可能性がある。
5. 病気は人に移してはいけない。
6. 治療には安静が必要だ。
7. 安静とは必要以上に体を動かさないことだ。
8. その他

なお、トゥールミン自身は「暗黙の仮定」という表現を用いていません。彼は「根拠としての事実が明示的であるのに対して、論拠は非顕在的である」と言っています。しかし論拠は、内容的には根拠の一部であることには変わりありません。また、あとでより詳細に触れますが、トゥールミンは「論拠には裏づけが必要である」と言っています。

論拠の共有が必要な場合とは

私たちの日常生活の中では、「ミーティングと発熱」程度のやりとりでは、その「論拠」を確認することなど、まどろっこしくてやるはずがありません。このレベルの会話では、一朗のような希《まれ》なケースを相手にする場合を除けば、いちいち論拠などを提示することはありません。そんなことをすれば、スムーズなコミュニケーションの妨げになるだけです。

コミュニケーションはスムーズであるに越したことはないのです。ところが、私たちが気を引き締めて注意するべきは、ここで挙げた単純なやりとりであってさえ、会話の裏で多くの論拠が働いているということです。一朗とのやりとりで花子は暗黙の仮定を伏せていました。しかし、花子はこれらの仮定を意図的に隠していたわけではありません。つまり、自分では当然のこととして了解している、当たり前の仮定なのです。ここがポイントです。各自が当たり前と考えていること、すなわち暗黙の仮定は、人により相当違っています。そして、人は当たり前のことを検証しようとはしません。だから自分の論拠を意識的に内省することをしないのです。話し合いや議論が分かりにくくなるのはこれが一因だと言えるでしょう。

カレーvs.ラーメン論争より複雑な議論

一見単純なやりとりにも複数の論拠が効いていることを念頭に置きつつも、私たちが論拠を強く意識して取り組むべき議論は「カレーかラーメンか」のようなやりとりではありません。すなわち、取り組むべきは、よりフォーマルで、複雑な議論なのです。そのときに悩ましいのは、複雑な議論の際にはその論拠も複雑になってくる可能性があるということです。

その議論に参加する人たちが、根拠と結論／主張との関係を巡って同じ論拠を〝暗黙のうちに選択〟するようなことはまず起こりません。このことは容易に想像できるでしょう。ですから、「どんな論拠に立った議論なのか」をそのつど確認しながらでないと先へ進めないような議論には注意する必要があるのです。

相手の議論が依拠する「論拠の中身」について吟味することが重要だ、という理由はここにあります。序章で出てきた裁判官AとBの会話や、国会において国の行く末を左右するような重要な案件を扱う話し合いなど、議論の最終結果が重大な結論やアクションにつながるような場合にはなおさらのことです。

議論のレッスン#3

さて、論証における論拠の役割についてはご理解いただけましたでしょうか? ここで、練習問題です。

練習問題6　次の文章に含まれる論証の論拠を推定してください。

1. 彼は大阪生まれだ。だったら、きっと、関西弁をしゃべるね。
2. 彼女はアップル社の社員だそうだよ。だったら、間違いなくiPhoneを使っているね。

3. 山田さんは論理的な人だね。だって、弁護士だもん。
4. 迷路の中でネズミは餌の場所をさがすのが早くなったね。そうか、迷路を学習したんだな。
5. この患者さんは脳に損傷を受けています。だから、記憶障害が出る可能性があります。

練習問題7 次の文章の論証の論拠を推定してください。

遡ること十四世紀初めにはダンテが『饗宴』で、「もし全世界と全人類が一つの君主国しかもたなければ、つまり一人の支配者の下での一つの政府だけをもつならば」戦争は終結するだろう、「なぜなら支配者がすべてを所有するとなれば、彼はそれ以上を所有したいとは望まず、それぞれの王国内で不満のないように王たちを支配し、その王たちの間に平和を保とうとするであろうから」と語った。トマス・ホッブスは『リヴァイアサン』で各国政府の協力について語り、その理念をシャルル＝イレネ・カステル、サン＝ピエール神父がヨーロッパの連邦化へと発展させ、各国元首は「永久平和」達成のために自国の権力を放棄するとした。しかし、ルソーはそのような統一は暴力的な革命なしには達成し得ず、そのようにして誕生した機構であれば人々に益より害をもたらすであろうと信じていた。これはある意味フランス革命でナポレオンが実現しようとしたヨーロッパ統一の構想だが、結局、あのときは、ナポレオンに敵対する国々の統一に役立っただけであった。

（J・ファーンドン『オックスフォード＆ケンブリッジ大学　世界一「考えさせられる」入試問題——「あなたは自分を利口だと思いますか？」』小田島恒志、小田島則子訳、河出文庫、二〇一七年）

5　トゥールミンの議論モデルを振り返る

発熱とミーティングの例の中に、トゥールミンの議論モデルに関する基本的三要素が登場しています。それを含め、これまでに出てきた話の範囲でトゥールミンの考え方を振り返りながらまとめておきましょう。

主張だけを繰り返してもダメ

議論では自分の「**主張**」がないとはじまりません。そして自分の意見を言ったり、主張をしたり、結論を出したり、または何らかの意見に対して反論したりする場合に、その発言の裏づけとなる「**根拠・事実（データ）**」を示します。なぜなら根拠を示さないまま主張だけを繰り返しても、その主張の妥当性は高まらないからです。

仮に「主張がなぜ通るか」と聞かれるとしたら、その主張が依拠している基礎的背景となるものとして、ある特定の根拠に訴えることになるわけです。別の言い方をするなら、「根拠」を出すことは「あなたの主張には何か（what）その裏づけとなる具体的な証拠はありますか?」という質問に対する答えを出すことと同じです。

また、根拠(風邪の例)を単独で提示しても、それがなぜ主張に関連するのかはっきりしていませんでした。そこで、根拠と主張を結合させる「**論拠**」がさらに必要でした。つまり「論拠」を出すことは「あなたが提示した根拠がなぜ(why)あなたの主張と関連づけられるのですか?」という質問に対して答えることと同じです。

議論において、論拠はほとんどの場合、表に出てきません。伏せられているのです(私が論拠を「暗黙の仮定」と呼んでいるのはこのことと関連します)。しかし、この論拠が根拠に対して重大な役割を持っており、その根拠によって主張が支持されるのですから、論拠は議論の根幹と言っても言いすぎではありません。

先ほどの風邪の例にあったように、論拠は複数の仮定からできています。そして議論に用いられる根拠または事実をもってして自分の主張の正当性を訴えるとき、私たちは論拠に含まれる複数の仮定の中から主張と根拠を結合させる場合に、最も適切な仮定を選択しているのです(これは私がトゥールミンの議論モデルを部分的に修正した考え方で、トゥールミン自身はそう言っていません)。

初級編

議論のルール・その2

1　主張・根拠・論拠をもう少し考えてみよう

トゥールミンの議論モデルの概略はお分かりいただけましたか。ここで、このモデルの要素である「主張」「根拠」および「論拠」についてもう少し詳しくお話ししておきましょう。

これらの要素は議論というダイナミズムの中で互いに関連を持っています。ですから、ひとつひとつをバラバラにしてお話しすることは本来できない相談です。それを承知で、まずひとつひとつを取り上げてみて、その後、各要素がどのように互いに関連し合って議論が成立するかを見ていくことにしましょう。

「主張」とは何か

序章の〈「日常のやりとり」から「よりフォーマルな議論」へ〉のところでは、主張（結論）＝「自分が一番言いたいこと」としていました。論証構造を考える上ではそれで十分かと思いますが、ここでは「実際に見聞きする議論」という観点から、主張についてもう少し詳しくお話ししたいと思います。

そもそも、人はなぜ意見を述べたり、主張したりするのでしょうか。これは議論、論証を考える上で、実に面白い問いかけだと思います。この問いを突き詰めますと、ひとつの答えは「自分と異なる意見の人がいるから」となります。

このことについて、教育学者の香西秀信さんは『反論の技術』の中で、「もし、全員が自分の意見に賛成ならば、わざわざそれを主張し、論証する必要もない」と言っています。つまり、世の中の人全員が自分とまったく同じ考え、意見、主張を持っているなら、主張したところで分かりきったことの確認程度にしかなりません。

さらに香西さんは続けてこう言っています。「（中略）意見とは、本質的に先行する意見に対する『異見』として生まれ、たとえそれが具体的な形では現れなくても、対立する意見に対する『反論』という性質をもっている」と。この発言内容の「意見」という言葉は

「主張」と同義ですから、主張＝「自分と異なる先行意見に対して発せられる反論」ということができるのです。

「主張」をこのように考えてみますと、単に「自分が一番言いたいこと」というだけでは済まない場面がありそうです。なぜなら、自分の主張は誰かへの反論になっているのですから、今度は自分の意見が誰かから必ず反論される対象となるはずです。したがって、「誰かからの反論を十分に許す（これはよいことです）だけの論証構造をあらかじめ用意してから主張すること」が重要です。

自分が主張する前にはそれなりの議論の下準備が必要となるのは当然です。下準備には次のような事柄が含まれます。

1. 自分の主張は根拠と共に提示されているか。
2. 根拠は主張を支持するに適切か、信頼性はあるか、すなわち実証可能か。
3. 根拠から主張への飛躍は適切か。
4. 論拠は明示されているか。
5. 必要に応じて論拠を提示できるか。

これらを考えておくことが必要になるでしょう。

自分の意見に反対されるのを恐れると、より多くの人の首をタテに振らそうとして、あたりさわりのない、誰でも賛成するような意見を言ってしまうことがあります。しかしそれは多くの人の意見と自分の意見が同じであることの確認作業に他ならず、結局何も言っていないのと同じことです。

「主張」と一口に言いますが、主張するとは実は大変なことなのです。

飛躍をともなわない意見は主張ではない

「これは私のお袋です。なぜなら、私の母だからです」という表現は、「Pだから、Pだ」と言っています。ですから、最も厳密な論証で誤りがありません。このような論証は結論が必ず真とはなりますが、内容的に意味のない論証になっています。つまり、確実な結論を導けますが、なんら生産的なことは言っていません。ですから、何か生産性のある結論を導くのであれば、「Pという前提／根拠」から「Pという前提／根拠以外の何か」を導く必要があります。言い換えるなら、飛躍をともなわない意見は主張にはなりえないのです。

哲学者の野矢茂樹さんは著書『論理トレーニング101題』（産業図書、二〇〇一年）の中で、「前提から結論へのジャンプの幅があまりに小さいと、その論証は生産力を失う。他方、そのジャンプの幅があまりに大きいと、論証は説得力を失う。そのバランスをとりながら、小さなジャンプを積み重ねて距離をかせがなくてはならない。それが、論証である」と言っています。そのとおりです。まことにうまい解説です。

その主張は正当か？

主張には正当性が要求されます。では、「主張の正当性」とは何でしょう？　これは難問です。難問ではありますが、ここでは、主張の正当性とは「その主張がどの程度厳密な論証を重ねた末に導かれたか」を指標にして判断するものとします。

主張の内容がどんなものであれ、主張単独ではその正否を判断することはできません。厳密な科学的主張を含めて、人間のする主張は絶対的なものではありません。ですから、主張の正否は誰にとっても自明の理、というわけにはいかないのです。そこで、ある主張の正否はその主張に到達するまでの論証内容の検討結果を待って判断することになります。このときの検討内容には根拠の信頼性や、根拠からの主張の導出を支える論拠の吟味などが含まれます。

例えば、「子どもを育てるのに甘やかしてはいけない」という主張があったとします。その主張が正しいかどうか、教育現場にいる人間も含めて誰もほんとうのところは判断できないでしょう。ですから、「子どもを育てるのに甘やかしてはいけない」という主張そのものを単独に取り上げ、それを評価することはできません。ですから、その主張がいかにして導かれたかをつぶさに検討するしかないのです。

そうするには、「育てる」とは何か、「甘やかす」とは何かなど、主張に含まれている言葉の定義からスタートする必要があるでしょう。このような言葉をより明確に定義しておかないと、主張がどの根拠から導かれたのか対応関係が分からなくなってしまうのです。さらに「育てるという文脈の中で甘やかすことがどのように作用するのか」などについて、丁寧で具体的な証拠（研究等の成果）を使った論証が必要となるでしょう。そしてその論証の結果、はじめて「子どもを育てるのに甘やかしてはいけない」という主張が正しいか、誤っているか判断できるのです。

社会的な問題を解決するような場面においては、議論とか論証以前に、あたかも「誰の目にも明らかで真なる主張がそこにある」とするような態度は非常に危険である、と言わざるをえません。これはのちほど再度お話しします。

繰り返しましょう。主張の正当性はどのような論証によってその主張が得られたものなのか、その主張に至るまでのプロセスに含まれるすべてを吟味して決定されるものと言えるでしょう。そして、主張に対するそのような認識が「より分かりやすい議論」へのスタートにもなるのです。

2　論証図で複数の論証の組み合わせを理解しよう

根拠から導かれた主張がまた根拠に変身!?

私たちが何かについて話をしたり、書いたりする場合、それがたったひとつの論証だけからできているようなことはまずありません。多くの場合、私たちは複数の論証を扱っています。例えば次の文章を読んでみてください。

今度の夏休みにはどこに旅行しようかな。①去年はフランス、ドイツ、イギリスを見てまわった。だから、②ヨーロッパはないな。③アメリカには行っていないけれど、ハワイは暑そうだから候補からははずそう。④そうなるとアメリカの東海岸か、西海岸のどっちかだ。そうだ、⑤サンフランシスコには友達も住んでいる。じゃ、⑥西海岸に決定だ。⑦それに、時間的にも遠くないし、旅費的にも安いしね。

この文章では三回の論証が行われています。その三回はどのような関係になっているか見てみましょう。このようなときには、まず最終的結論を先に探します。それは⑥であることが分かります。次に、この⑥の結論を導くために使われた根拠はどれかを探します。そうすると、④と⑤と⑦が根拠として組み合わさり、根拠が⑥を導いているのが分かります。次に、その④⑤⑦がどこから導かれたかを探すと、その根拠が②と③を組み合わせたものであることが分かります。さらに、そのうちの②は①から導いたものです。

私たちの議論は複数の論証を組み合わせるのが一般的なのです。旅行の例にもあるとおり、ある時点では結論／主張だったものが、次の論証では根拠に使われていました。すなわち、「Aだから、B。Bだから、C。Cだから、D」のようなケースです。このような場合には、これからお話しする論証図（野矢、二〇〇六）を使うと論証全体が俯瞰《ふかん》できて便利です。

論証の三つの型――単純論証・結合論証・合流論証

論証には三つの型があり、複雑に見える論証でもこの三つの論証を組み合わせると全体像が見えてきます。論証図を書く場合にはいくつか記号を使います。根拠をP、結論をQとした場合、「Pだから、Q」という論証を記号では「P↓Q」と表します。↓は導出を指します。

［単純論証］

「①昨日は中華だった。だから、②今日の夕食は和食にするか」のように、一つの根拠①から直接に結論②を出すような論証を**単純論証**と言います（論証図1）。

論証図 1

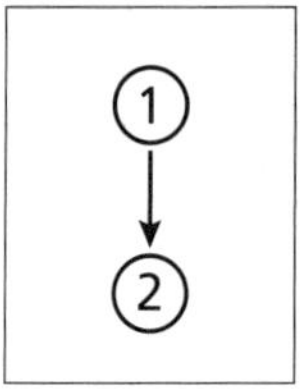

［結合論証］

複数の根拠が組み合わさって一つの根拠群を作り上げ、それが一体となってある結論を導くような場合を**結合論証**と言います（**論証図2**）。根拠同士が結合しているという意味ですね。次の例文を見てください。

①彼はインフルエンザにかかったそうだ。だから、②明日は出社しない。なぜって、③インフルエンザって発症後五日間くらいは感染しやすいんでしょう。

論証図2

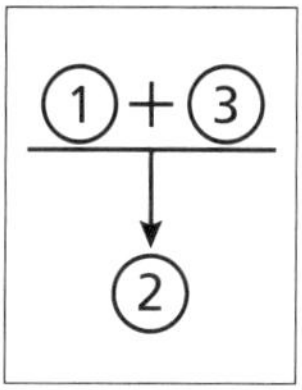

この例では根拠①と根拠③の二つの根拠が提示され、その二つが一緒になって結論②「明日は出社しない」を導出しています。根拠①も③もともにインフルエンザという点で共通していますので、この二つは結合していると言えるでしょう。

結合論証を記号で表現する場合には単純論証の表現の他に、さらに次のことが追加されます。まず、二つ以上の根拠が結合する場合は＋の記号を使い、根拠同士が結合していることを示します。さらに、論証図2のように、結合した根拠の下に線を引きます。そして、これら結合した根拠が一体となって結論を導くことを示すため、この線の下から導出の↓を書きます。

［合流論証］

複数の内容的に異なる根拠が使われ、それぞれが独立に一つの結論を導出するような場合を**合流論証**と言います（論証図3）。

①仕事上のメールなどない方がいいや。だって、②家に帰っても仕事の続きの報告を要求されて落ち着かないし、③プライベートな時間がつぶされる。

論証図3

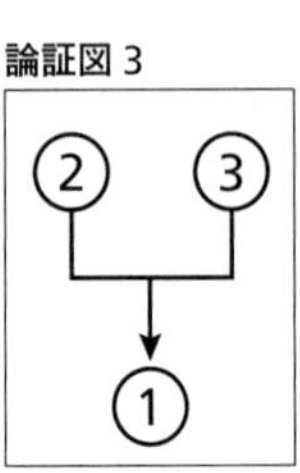

この論証例では根拠②と根拠③という、内容的に異なる根拠が、それぞれ単独で結論①「仕事上のメールなどない方がいいや」を導いています。「②だから、①」「③だから、①」という二つの導出があるのです。したがって、根拠からの↓も二つに分かれます。

結合論証の場合は内容的に共通する複数の根拠が合体し、いわば全体として一つの根拠を形成し、結論を導きます。したがって、導出も一つになります。一方、合流論証では内容的に異なる複数の根拠が使われるため、合体して一つの根拠を形成できません。つまり、それぞれの根拠から別の導出が必要となります。ただし、根拠が内容的に類似するかどうかの判断は難しい場合があり、結合論証と合流論証の区別が必ずしも明確にならない場合があります。

論証を組み合わせる

さて、論証図についてお話ししましたので、先ほどの旅行の話題を論証図に書いてみます。ここでは二つの論証の型が組み合わさっています。

論証図4

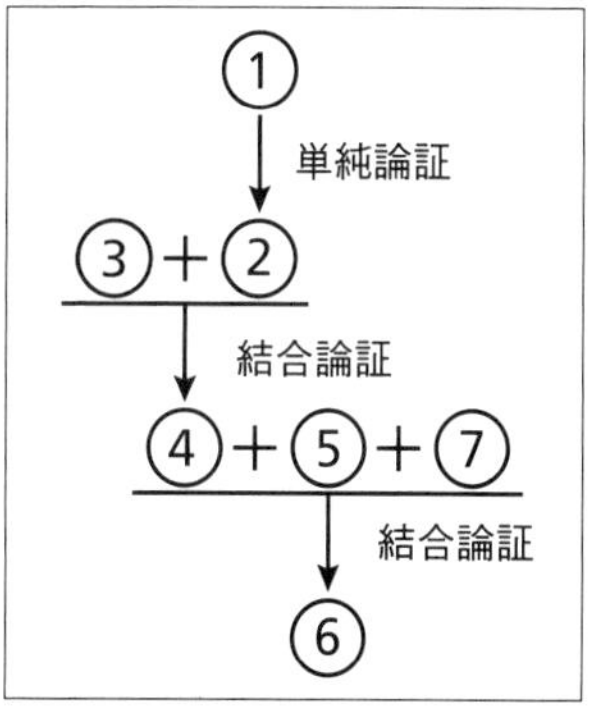

この論証図4を見ると、①を根拠に、主張②が導かれていますが、その主張②は③と結合して次の主張④を導くための根拠にもなっていることが分かります。このとき、①からは②だけに矢印が引かれていることに注意してください。そして、③と②の結合したものからの↓は④だけに引かれています。その④は他の主張と組み合わさって⑥を導く根拠になっています。すなわち、根拠から導かれたある主

張は次の論証の根拠になるという具合に、論証が進むにつれて変身し続けるのです。このような複数の論証を組み合わせて私たちは議論をしていることを念頭に置いておきましょう。

序章では、議論するとは「ある前提／根拠から一定の結論／主張を導出することを基礎単位として話し合うこと」と定義しました。さらに論証図4を踏まえると、議論の定義に**「複数の論証間の関係を検討すること」**を加えることもできるでしょう。

3　前提／根拠としての「事実」「考え」を使い分ける

論証で使われる前提や根拠は裏づけがとれる事実なのか、それとも単に思いついた意見にすぎないのかを判断するのはいつも悩ましい。だから、私たちは自分たちの前提や根拠が何であるか知らずに適当に使っているのです。ここではこれらの違いにまず注目します。そしてその使い方についても考えてみましょう。

左の図8を見てください。

これは「経験的事実」と「考え」の関係を示したものですが、「経験的事実」と「考え」

図8

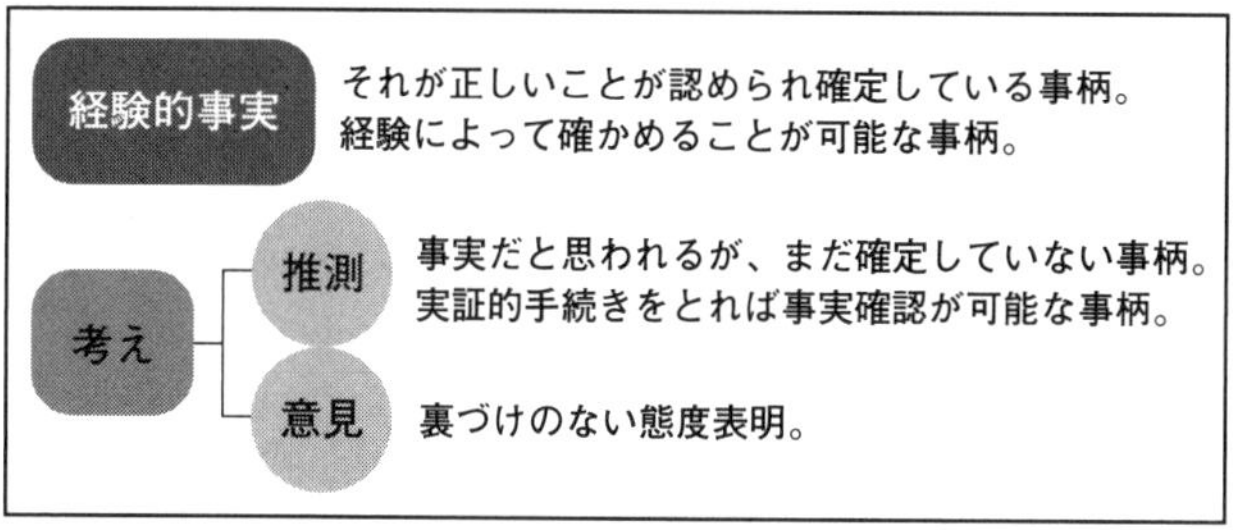
経験的事実
それが正しいことが認められ確定している事柄。
経験によって確かめることが可能な事柄。
考え
推測
事実だと思われるが、まだ確定していない事柄。
実証的手続きをとれば事実確認が可能な事柄。
意見
裏づけのない態度表明。

の間には複雑な関係があり、それは中級編で取り上げます。ここではまず、一般的に言われている「事実」と「考え」の区別からはじめましょう。「事実」はその内容が正しいことが認められている事柄を指します（野矢、二〇一七）。経験的事実は「実際に経験を通して確認できる事実のこと」です。例えば、「ロンドンはよく雨が降る」という例が経験的事実でした。経験的事実は主張を導くためには最も安定性のある根拠になります。

次に「考え」ですが、これは「推測」と「意見」に分かれます。**推測**はおそらくは事実だとは思われるのですが、まだ確実ではない。ですから、実証的な方法を用いて確証されれば、事実へ昇格できる可能性のあるものです。これこれしかじかの調査・実験手続きを踏めばこのような結果が得られるはずであるという具体的検証方法を示せるなら、論証に使えるものです。例えば、「議論をすると相手との人間関係が悪くなる」というのは推測としていいでしょう。なぜなら、人間関係を定義し、その関係のよさの程度を測るスケールを用意できれば、それが悪くなるかどうかの正否の決定は可能ですから。

「考え」のもうひとつの分類は**意見**です。これは裏づけのない態度表明です。なんとなくそう感じる、思うということです。フォーマルな論証には使えません。

論証に混在する「事実」と「考え」

まずは、次のやりとりを読んで、それぞれの教員の発言が「事実」「考え（推測、意見）」のどれにあたるか指摘してください。

教員A「①二〇二〇年から文科省は大学入試に思考力、判断力、論理力などに関する問題を導入するんだってね。②現行の高校ではほとんど教えられていないよね。③参ったな」

教員B「④今までの勉強って、暗記だけに頼ってきたじゃないですか。それがだめっていうことですよね」

教員C「⑤そうそう、受験勉強なんかくだらない。⑥必要悪にすぎないね」
教員A「⑦いや、必要悪と考えるべきではないよ。⑧受験勉強によって勉強する態度が形成されると考えている教育関係者もいますよ」
教員B「⑨大手の予備校は論理的思考、批判力、分析力に関する受験対策にすでに乗り出しているよ。しかし、⑩文科省を筆頭に予備校、高校ともどもどうしていいか見当がついていないのが現状だね」
教員C「⑪乗り遅れると大変だと思いますよ。⑫学生が不利益を被ることになるでしょうね」

教員の会話に含まれる事実、考え（推測、意見）を検討してみましょう。事実と推測の区別は難しい場合があります。なぜなら、事実認定の基準により事実とも、推測ともとれるような場合があるからです。そのことも踏まえ、教員同士の会話を検討します。

事実と言ってよいのは①②⑧⑨です。これらは事実確認がすぐにできます。推測は⑩⑫でしょう。⑩はほぼ事実と言えるのですが、確認はできていません。すなわち、状況からそう思えることを言っているに過ぎません。ただし、文科省、予備校、高校などの意見や現状調査をして、それを照らし合わせれば「見当がついていない」状況の確認はできます。ですから、⑩は事実に昇格する可能性はある。⑫はこれからのことでもありますので、事実確認はまだできていません。

また、③④⑤⑥⑦⑪はすべて意見です。例えば、④のような言い方をして、相手に自分側の前提を呑まそうとするケースをよく耳にします。これは誤解を招く発言です。ですから、論証を意識する場面では「◯◯じゃないですか」と発言をするのではなく、「今までの勉強って、暗記だけに頼ってきたと思うのです」のように、最後に「思う」と言って、それが意見であることを表明するべきです。

このような話し合いは結構ありそうです。みなさんも自分自身の会話をチェックしてみてください。そこには、事実、推測、意見が混在しているはずです。特にふだんの会話の多くは意見によって構成されているようです。

話し合いの結果、何らかの結論を出し、それに基づいて実際のアクションをとるような場面でないのであれば、発言内容が事実か考えか、さらには推測か意見かの区別はさほど問題になりません。しかし、よりフォーマルな場面での議論ではこれらの区別は大事です。

そもそも、意見や推測は正しさが確立していないのですから、それを真剣に受け止めてもはじまらない。また、意見や推測を根拠にして導かれた結論／主張はさらに問題が生じます。なぜなら、帰納的論証では仮に根拠が事実であってさえ、そこから導出された結論は正しいとは限らないのですから。ましてや、根拠が事実でない場合の結論は推して知るべしです。

発言は抽象から出発し、より具体へ

次の会話を読んでください。

［会話前半］

教育学者「ある文学作品が入試問題に使われていて、入試後に予備校側が解答を公表しますね。面白いのは、後になって、その文学作品の著者が予備校の解答を見て、『いや、この表現に、私はそんな意味を込めた覚えはない』という発言がまた新聞に載ることです」

国文学者「よく聞きますね。こうした話は。予備校の読みが誤っていた」

教育学者「①私は文学作品を題材にする入試問題で、著者の考えや思いを聞くようなことをしてはいけないと思いますよ（主張1）」
国文学者「どうしてですか？　まっとうな出題だと思いますけどね」
教育学者「いや、どうしてって、②文学作品の著者の考えや思いを聞くようなことをしても意味がないということです（根拠1）」
国文学者「よく分からないな。どうして意味がないのですか？」
教育学者「だって、③著者の考えと予備校の思惑がずれるようなことを入試問題にしてもしょうがないでしょう（根拠2）」
国文学者「いや、これではまだ、なぜ文学作品を扱っている大学入試で著者の考えや思いを聞いてはいけないのか分かりません」

このやりとりで、教育学者の主張1に対して、相手が、「どうしてですか？」と質問してきています。このとき、教育学者は②と答えています。ところが、この答えに国文学者は納得していません。なぜでしょう。

そもそも、国文学者は、最初の①の発言だけでは分からない点、不明な点があると思ったからこそ、「どうしてですか？」と質問を発したのです。ですから、このような場合、教育学者の②**の根拠は、「少なくとも」発言①の主張よりは、相手に分かってもらえる、より受け入れられる返事になっていなくてはならない**のです。しかし、ここでは根拠として出したつもりの②は、主張①に比べて、相手により受け入れやすい内容になっていません。実際、①②を比べてみても、その内容の抽象度に変わりがありません。同じようなことを違った言葉で言い換えたにすぎないのです。

その続きですが、教育学者は相手が発言②の根拠1も分かってもらえないことを知ると、今度は発言③で根拠2を出してきましたね。ところが、これも相手には分かってもらえなかった。なぜなら、これは先ほどの発言①と②の間の関係とまったく同じことが生じているからなのです。話は平行線をたどり、前に進みません。

［会話後半］

国文学者「いや、これではまだ、なぜ文学作品を扱っている大学入試で著者の考えや思いを聞いてはいけないのか分かりません」

教育学者「④だって、入試は文学作品を鑑賞するためにあるのではなく、学生の学力選抜のためにするものですよ（根拠3）」
国文学者「それは認めますけどね。それが入試問題で著者の考えや思いを聞いてはいけないことの理由にはなりませんね」
教育学者「⑤テストというのは、特に入試問題には正解不正解が一意に決定できる問題を出さなくてはなりません。判断する基準が明確に示されていなくてはなりません（根拠4）」
国文学者「その通りですね」
教育学者「ですから、⑥予備校の解答と著者の考えにずれがあるような、言い換えるなら、解釈の自由度が大きく、正解が一意に決まらないような問題は学生選抜をするための大学入試問題には使用できないということです（根拠5）」
国文学者「なるほど。よく分かりました」

この二人のやりとりの後半では、前半に比べると国文学者は教育学者の答え、すなわち理由にだんだんと納得しはじめました。しかし、それでも発言④の根拠3の提示時点では、まだ、国文学者は納得していませんね。これは根拠3が根拠2より、より受け入れやすい内容になっていないからです。

ところが、発言⑤の根拠4への国文学者の反応は一転して相手を受け入れ始めています。根拠4は、テスト、特に入試問題はどのような条件を揃える必要があるかについて語っています。さらに、そのポイントとして、正解不正解が一意に決定できる問題である必要性についても言及しています。これは根拠3の曖昧な表現をより具体的にしてくれています。国文学者が納得しはじめたのはそのせいです。さらに、発言⑥の根拠5は根拠4の内容をより具体化し、それが最初の自分の主張発言①をバックアップしていることを示しました。ですから、ある発言の内容を相手により分かりやすく、相手に分かってもらえるようにするためには、根拠に対応する発言は抽象度が高い内容から順に具体性が高まっていく必要があるのです。

具体性が高い「根拠」は、一般に、議論の参加者にとってより共有性が高くなります。ですから、本来、根拠が正しいかどうかの判断は、それと関連する結論/主張の正しさを認めることより容易でなくてはなりません。すなわち、根拠は結論/主張以上に議論の余地があってはいけないのです。

原則を振り返っておきます。**最初の主張の裏づけとなる根拠は、最初の主張よりは受け**

入れられる、またはより受け入れやすい内容でなくてはならない。

議論は続くよ、どこまでも

先ほどの会話後半で国文学者は教育学者の根拠を受け入れ、きりの良さそうなところで話を終えています。お気づきかと思いますが、議論を進めていくうちに議論のはじめには登場していなかった根拠がどんどん出てきましたね。つまり、相手の提示した根拠に対して「どうしてですか?」という疑問を繰り返すうちに、教育学者は「おそらくは誰もが認めてくれるであろう根拠」を求めて、根拠のさらなる具体性を求めて下へ下へと降りはじめたのです。しかし、教育学者が「ここが一番底にある根拠だ」と思うことを言ったところで、相手はそれに対して「どうしてですか?」と質問を繰り返すことも可能です。ですから、この調子で続けると、この議論は永遠に終わることがありません。

この永遠の議論には誰もが納得する決着を見るのは事実上不可能です。しかし、根拠の意味を限定することで、私たちが実際に行う議論はあるレベルで終結が可能です。

そこで、永遠に終わらない議論の代わりに（にはなりませんが）、あるレベルで議論に決着をつけるために、根拠としてある程度の裏づけが提示できるものを用意し、それに基づく主張をすることを提案します。この「ある程度裏づけのある根拠」を、ここで「**経験的事実**」と呼ぶことにします。

この言葉は序章の図3で論証基本フォームを紹介したときにはじめて登場した言葉です。経験的事実とは「実際に経験を通して確認できる事実のこと」であると113ページでも触れましたが、言い換えるなら、「誰にでも確認できる対象、または事実」のことです。そして、「誰にでも」と言わないまでも「より多くの人に」経験的事実が確認されるためには「実証」が必要です。経験的事実とは、「実証可能な根拠」であると言い換えることもできます。

実証とは?

実証とは事実を明らかにするということです。科学的論証をしていく場合には、実証の手続きは厳密で複雑なものになります。それは本書のスコープを超えてしまいますので、ここでは触れません。ここで言う実証とは、(a)**より抽象的な話を構成する言葉を、それと対応する事実で、かつ経験を通して確認できる事実に翻訳し、**(b)**それを実際に実験、調査、観察で確認すること**を指します。この(a)(b)を具体的な事柄に置き換えていきます。

例えば、ある建設省の役人が、「ダム建設は①自然環境破壊につながるため、②自然の地形と③相性の悪い人工的ダムの建設は今後一切認めない」と発言したとしましょう。まず、実証の手続き(a)の部分を確認します。そうしますと、この役人の発言でファジーなのは①②③です。

「①自然環境破壊」「②自然の地形」という言葉は直接実証するには抽象度が高すぎます。ですから、これを対応する事実へ置き換えます。それには、自然環境破壊とは何を具体的に指すのか、また、自然の地形とは何を指すのか、さらに、この主張においてダム建設との関係で役人が言う「自然」はどこを指すのかを具体的に示すことが必要です。

次に、悩ましいのは「相性の悪い」です。何のことかさっぱり分かりません。現代のテクノロジーを使えば、人工的なものを限りなく自然に近づけることも技術的に可能であるでしょう。ですから、ここで役人が言う「自然との相性の悪さ」は何か特定のことを想定している可能性もあるのです。そこで、役人の考える「自然と相性のよい」ダム建設が何を指しているかを明らかにし、それと役人が考える「人工的」ダムの決定的差を具体的に示す必要があるでしょう。そうでないと、従来からの人工的ダムをわざわざ中止し、「自然と相性のよい」ダムにする理由が見出せないからです。

次に、(a)でより分かりやすい表現に翻訳された内容を、(b)実際に実験、調査、観察で確認することになります。ここでは実際の手続きは煩雑ですので省略します。

ポイントは、先の①②を提示する場合に、思弁的にならずに「より多くの人が実際に確認できる形」で事実を収拾することです。役人の斬新なアイデアに国民が感覚的についていくのではなく、実証的な裏づけのあるアイデアに国民が納得するというわけです。

実証の対象が見えにくい例として序章の〈「論証」としての議論〉のところで使った次の会話2をもう一度見てください。

会話2

知事「①築地市場から豊洲への移転は中止することにします」

記者「②何か具体的な理由はあるのですか？」

知事「③豊洲の地盤調査により地下から有害物質が検出されたからです」

記者「④豊洲は衛生管理の行き届いた安全な場所であると聞いています。それでも移転を中止するのですか？」

知事「⑤そうです。万が一でも、有害物質が体内に入れば健康に問題が生じるからです」

知事の最後の発言「⑤そうです。万が一でも、有害物質が体内に入れば健康に問題が生じる」は知事の主張「①築地市場から豊洲への移転は中止する」の理由です。この理由は知事の移転中止という具体的なアクションの根拠です。したがって、この内容は経験的事実であることが望ましいのです。

この発言内容は一見事実のような印象を受けますし、事実確認もできそうな気がします。しかし、この発言については次のような疑問を発することができます。例えば、「衛生管理の行き届いた堅牢な近代的建物内で扱う生鮮食料品に、たとえ、その建物が建っている土地から有害物質が検出されたからといって、即、それが体内に入り、健康問題が生じることが事実として起こるのでしょうか?」という疑問です。

この疑問に明確に答えられない限り、知事の理由は推測に分類されます。事実ではありません。そこでこの推測を経験的事実に昇格するには、これを実証する必要があります。この事例が難しい点は、実証の対象となるものが省略されている点です。有害物質が体内に入ると、それが原因で健康に問題が生じることは医学的な知見としてすでにあるでしょうから、ここは実証からはずせます。実証されるべき対象は、「建物の外にある有害物質が、コンクリートで封じ込まれている室内に侵入し、かつ人体へ侵入すること」です。これが事実として確かめられない限り、知事の理由は推測に留まるということです。

ここで実証の話を持ち出したのは、他でもありません、教育学者と国文学者の原理的には永遠に続きそうな議論に決着をつけるためでした。すなわち、決着をつけるひとつの工夫として、「実証された根拠」について質疑応答し、それに答える形で議論を整える、ということを提案するためです。もちろん、どんな根拠についても実証が可能というわけではありません。論証に用いられる根拠のほとんどはその内容の実証性を問うことができないものである、ということを認めた上での話です。

経験的事実に関する質問をしてみよう

より分かりやすい論証をするのであれば、主張を引き出した元の根拠について「信憑性の吟味」ができる、ということが大切です。例えば、先ほどの教育学者の「私は文学作品を題材にする入試問題で、著者の考えや思いを聞くようなことをしてはいけないと思いますよ」という主張1は、そのままでは呑むわけにはいきませんでした。なぜなら、どうしてそう主張できるか不明だからです。しかも、そこでその主張の裏づけとして出された根拠にも不明な点が残りました（根拠1、2）。教育学者が提示する根拠をひとまず安定させるには、次のような経験的事実に関する質問が必要です。

1．文学作品を題材にする入試問題で、著者の考えや思いを受験生に聞いた結果、入試問題としての公平性に欠く問題があったとする実例を提示してください。
2．公平性に欠けると判断された入試問題を提示してください。
3．「著者の考えや思いを聞いた入試問題」と「選抜の公平性」とのあいだの関連性を示してください。

これらを明示することこそ「経験的事実を出すこと」に他なりません。

教育学者が提示した根拠の内容は単にその場の思いつき発言であり、適切性に欠く可能性はぬぐいきれません。だから、すぐさままた国文学者の逆襲に遭《あ》うのです。

相手が目の前にいる口頭での議論であれ、文字に書かれた議論であれ、論証における根拠を経験的事実という点から問うことは、誰にとってもより分かりやすい議論をするときに有効です。みなさんも、議論のときに、経験的事実に関する質問をしてみてはどうでしょうか。

4　論証のふたつのタイプ——演繹と帰納

『議論の論理』をお書きになった、政治思想家で京都大学名誉教授の足立幸男さんがこんな話をしています。仮に、完全な根拠があり、完全な論拠があり、それに基づいて完全な主張が導かれたとしましょう。ここでは根拠と論拠から主張が必然的に導かれることになります。このような完全な議論を足立さんは「必然的議論」と呼んでいます。

一方、不完全な根拠と不完全な論拠を背景に不完全な主張が導かれるような議論を足立さんは「蓋然的《がいぜん》議論」と呼んでいます。「蓋然的」とは「不確かな」というくらいの意味に考えておいてよいでしょう。つまり「蓋然的議論」とは、根拠から主張への飛躍を一〇〇パーセントは保証できないような議論のことです。そして、日常的に私たちのまわりで起こっている議論のほとんどは、実はこうした蓋然的議論なのです。

この必然的議論と蓋然的議論という考え方は演繹的論証と帰納的論証（論証基本フォー

ムを紹介したときにすでに触れています）という二つの論証タイプに対応しています。ここでは簡単にこの二つの論証タイプの違いについてお話ししておきます。

次の会話を読んでください。

妹メアリー「ねえ、ジョン、今まで家族と一緒にニューヨークに行ったときは、マンハッタン・クルーズに行ったよね」

兄ジョン「そうそう。行ったね。楽しかった」

妹メアリー「じゃ、この夏にニューヨークに行くときも、マンハッタン・クルーズに必ず行くよね」

兄ジョン「そうだといいけど、分からないね。そうとは限らないから。でも、うちの家族は必ず、ブライアンパークのレストランの食事には行くね」

妹メアリー「じゃ、今年の夏もブライアンパークでの食事は保証されているね」

兄ジョン「それは言えるね」

この会話の最初の部分で、妹メアリーは「今まで家族と一緒にニューヨークに行ったときは、マンハッタン・クルーズに行った」を根拠にして、「この夏にニューヨークに行くときも、マンハッタン・クルーズに必ず行くよね」を結論として導いています。それに対して、兄ジョンは「そうとは限らない」と言っていますね。なぜなら、前提の「今まで家族と一緒にニューヨークに行った」という言葉の意味に「この夏にニューヨークに行くときも、マンハッタン・クルーズに必ず行く」という意味が含まれていないからなのです。これはひとえに言語規則の問題です。ですから、妹メアリーの結論は必ずしも正しくないということになります。このように、**前提が仮に正しい場合でも、そこから導かれる結論が必ずしも正しいとは言い切れない論証を帰納的論証と言います。**ここまで、本書で扱ってきた論証はすべて帰納的論証です。

次に、会話の後半で、兄ジョンの「うちの家族は必ず、ブライアンパークのレストランの食事には行くね」という根拠から、妹メアリーが「じゃ、今年の夏もブライアンパークでの食事は保証されているね」という結論を出しています。この結論は正しい。なぜなら、根拠に「必ず」という言葉が入っているから。この「必ず」には「今年の夏もブライアンパークで食事すること」が含意されています。これも言語規則です。このように、**前提が仮に正しければ、そこから導かれる結論が必ず正しくなるような論証を演繹的論証と**

言います。

帰納的論証では前提となる根拠から飛躍を伴う導出をして結論を出します。このような導出を「**事実にまつわる導出**」と言います。帰納的論証では前提に含まれない事柄を結論で導きますので、情報量は増えます。しかし、結論は必ずしも正しいわけではありません。一方、演繹的論証では前提となる根拠から飛躍を伴わずに結論を導出しています。このような導出を「**言葉の意味にまつわる導出**」と言います。演繹的論証では前提に含まれる事柄を結論で言い換えているだけですので、情報量は増えません。しかし、結論は必ず正しくなります。帰納と演繹はそれぞれの得意技が違うということです。

議論のレッスン＃4

では、ここで練習問題をやってみましょう。

練習問題8　次の文章に含まれる論証は帰納的論証か、演繹的論証か区別してください。

1. 彼女はアメリカからの帰国子女だって。僕が知る限り、アメリカからの帰国子女の子ってみんな英語ペラペラだよ。彼女の英語もネイティブ並み間違いないね。

2. 駅前の蕎麦屋さんはほんとうに人気があるね。いつ行っても、必ず、行列に一時間ちかく並ばされる。今日も並ぶことになるね。覚悟しておこう。

3. レベルの高いパフォーマンスにはすぐれた運動神経が欠かせない。一流の選手は生まれつきボールを打つセンスが備わっている。ということは、二流の選手はセンスも運動神経もないということか。

4. 頭のいい人は論理的だ。さらに、論理的な人はひらめきもいい。だからひらめきのいい人って頭がいいんだ。

5. 論理って関係性のことだよね。思考は前提から結論を出すことだ。ということは論理って思考と捉えていいね。

5　議論の三つの名脇役――裏づけ・限定語・反証

今、私たちのまわりで起こっている議論はほとんどが蓋然的（不確か）であると言いました。トゥールミンは議論をする際にその不確かさを考慮することを提案しています。つまり、自分の議論の信憑性の程度を明示しておこうというのです。では、議論のどのあたりに注意を払うと「議論の不確かさ」に注意したことになるのでしょうか。トゥールミンは注意するべき点として三つのポイントを挙げています。

1. 議論をする際に、論拠についてはそれを支持する裏づけ（Backing）を明記すること。
2. 論拠の確かさの程度を示す限定語（Qualifier）をつけること。
3. 論拠の効力に関する保留条件としての反証（Rebuttal）を提示すること。

裏づけ（Backing）、限定語（Qualifier）、反証（Rebuttal）の三つがモデルの中でそれぞれどんな役割をするかを見ながら、それぞれがなぜ必要かを考えてみましょう。トゥールミンが提示している例をそのまま載せます。トゥールミンの議論モデルの全体図（図9）を参照してください。

ここで示した論証例をまずはざっと見ておきましょう。根拠（経験的事実）は「ハリーはバミューダで生まれた」、主張は「彼は英国人であろう」、そして論拠（Warrant）は「バミューダで生まれた人は英国人になるから」です。

次に、国籍の問題は常にその人の資格と背景条件に依存しますので、「それらの諸条件を満たしていれば英国人である」という具合に、主張に関する譲歩が生じます。そこで「たぶん」という限定語（Qualifier）が主張の前に追加してあります。また、この主張は「彼の両親がともに外国人であったり、彼自身がアメリカに帰化したのではない限りは」として反証（Rebuttal）を先取りしています。すなわち、主張が通るには、これこれしかじかの条件をクリアしておく必要がある、ということです。さらに、論拠自体が受け入れられるかが問われる場合には、その裏づけ（Backing）として「英国領で生まれた人の国籍に関する法律によってそのように定められているから」が含まれています。

議論がさらに複雑な要因を含む可能性は十分ありますが、当面この程度のモデルで十分

図 9

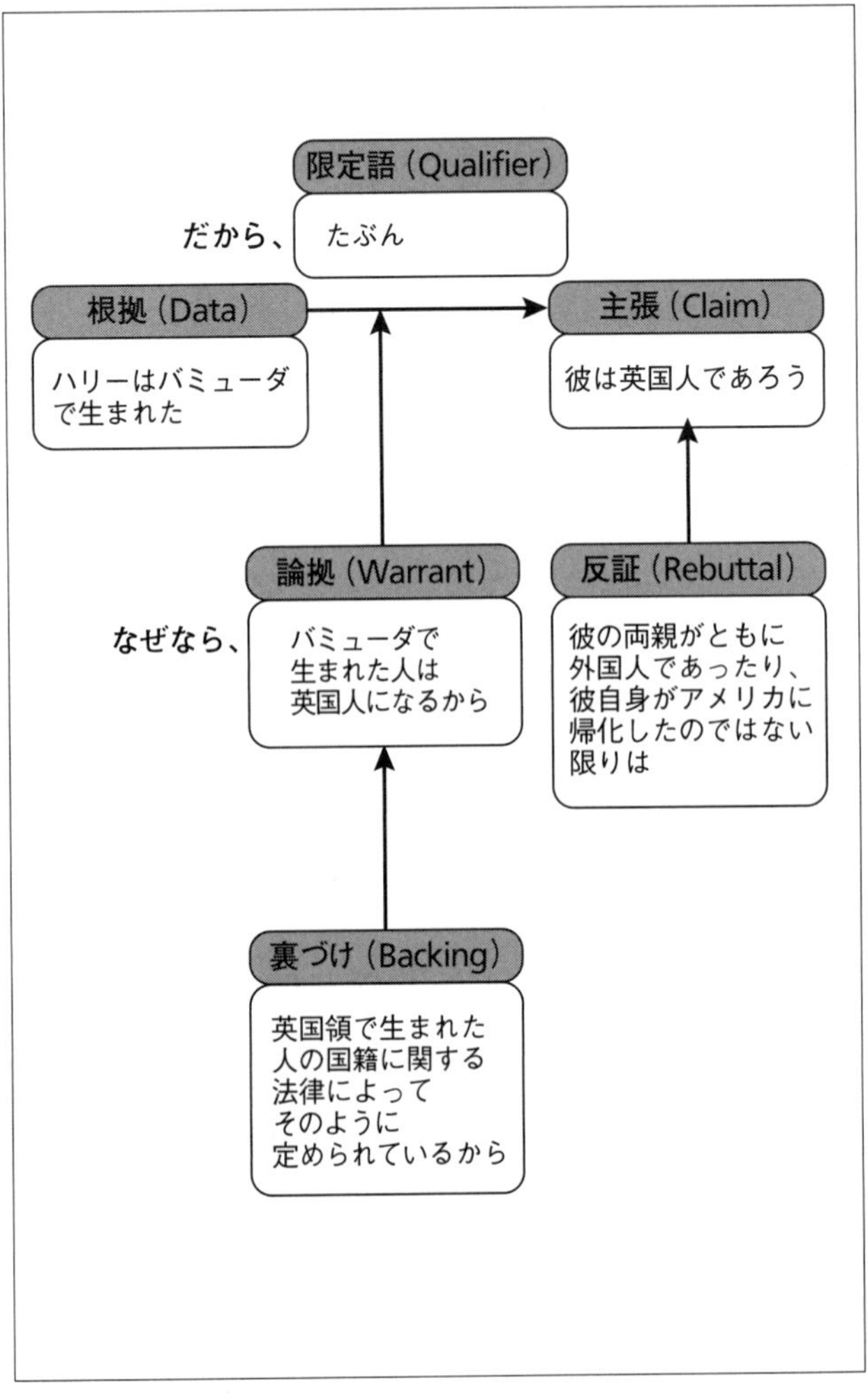
限定語（Qualifier）
だから、
たぶん
根拠（Data）
ハリーはバミューダで生まれた
主張（Claim）
彼は英国人であろう
論拠（Warrant）
なぜなら、
バミューダで生まれた人は英国人になるから
反証（Rebuttal）
彼の両親がともに外国人であったり、彼自身がアメリカに帰化したのではない限りは
裏づけ（Backing）
英国領で生まれた人の国籍に関する法律によってそのように定められているから

質の高い議論は可能だと思います。ふだん見聞きする議論のレベルから考えればおつりがくるぐらいです。

裏づけ(Backing)

ここで新しく「英国領で生まれた人の国籍に関する法律によってそのように定められているから」という論拠の裏づけ（Backing）が追加されました。論拠の裏づけがなぜ必要なのでしょうか。

議論が蓋然的（不確か）である場合には、その論拠も蓋然的であると考えられます。そこで論拠がどの程度信憑性があるのかを、裏づけによって示すことをトゥールミンは考えたのです。

論拠の役目は根拠と主張をつなげることで、論拠を出すことは「あなたが提示した根拠がなぜ（why）あなたの主張と関連づけられるのですか」という質問に対して答えることでした。さらに、提示された論拠に対して「なぜ（why）そう考えるのですか」という質問は十分に想定できます。それに対する答えを用意しておかないと、論拠そのものの効力が半減してしまいます。そう考えていくと、「論拠に対する裏づけをとる」ということは、

「根拠と主張の結合の程度を保証する」もの、ということになります。

図9に示した例では「なぜなら、バミューダで生まれた人は英国人になるから」という論拠の裏づけとして国籍に関する法律を持ち出しています。この例に関して言うなら、論拠の裏づけとして、それがどこに記されているかを示しているのです。ちなみにトゥールミンは議論を、法律的内容をモデルにしているためにこのような記述になっています。どのような裏づけが適切かは議論に使われている根拠、主張、論拠、反証の条件などに深くかかわっています。

このことを、トゥールミンが提示している例を通して見てみましょう。

たとえば、「これはクジラだ。だから哺乳類だろう」「彼はバミューダ出身者だ。だから英国人だろう」「彼はサウジアラビア人だ。だからイスラム教徒だろう」といった論証は、根拠から主張が直線的に導かれていると言えます。しかし、裏づけとの関連でこれらの主張について考えはじめると、それがどの分野の議論をするのかによって大きく変化することに気づきます。つまり、どんな論証でも常に一定の裏づけが使えるというわけではないのです。

裏づけを考えるなら、先ほどの例なら「クジラは哺乳類（として分類可能）だろう」「バミューダ出身者は（法律の観点からすれば）英国人だろう」「（ある）サウジアラビア人はイスラム教徒（であることもある）だろう」となり、（　）内の表現はこれら三つの文章の違いを反映しています。

「クジラは哺乳類（として分類可能）だろう」の場合は、論拠が動物を区別するときに用いる分類学的手法をその裏づけとしています。「バミューダ出身者は（法律の観点からすれば）英国人だろう」の場合には英国の植民地で生まれた人の国籍に関する法律をその裏づけとして用いています。さらには「（ある）サウジアラビア人はイスラム教徒（であることもある）だろう」では異なる国籍を有する人々の間で信仰がどのように分布しているかに関する統計的記録に言及することで裏づけがとられています。

トゥールミンは、論拠を確立するために必要な裏づけは「当該の議論がどの分野のものであるか」によることを示したのです。

限定語（Qualifier）

蓋然的な（不確かな）議論を展開する以上、主張が根拠と論拠を背景としてどの程度の確率で真と言えるのかについて、何らかの制約をする表現が必要となります。その程度を示すのが限定語（Qualifier）です。「おそらく、たぶん、五分五分で、きっと」など、さまざまな程度を示す限定語を使うことになります。

ちょっと気分転換に、限定語に関する脱線話をひとつ。

日本語では、「きっと」という語は「おそらく」「たぶん」という語よりは確率の高いことを意味すると思われますが、「おそらく」「たぶん」については、それぞれどの程度の確率をこめて言っているかは不明でしょう。「彼はおそらく来ないだろう」というときと、「彼はたぶん来ないだろう」という場合に、どちらの発言が「彼が来ないであろう確率」についてより厳密かというと、よく分かりません。「おそらく」「たぶん」という語が確率ゼロから1までの間のどのあたりを指す言葉であるかは、日本語では問題にならないのです。

ところがこれを英語の単語で考えてみますと、事情は違います。例えば、「おそらく」「たぶん」に相当する語としては「possible」「plausible」「probable」などがありますが、これらの語は確率ゼロから1までの間の、よりゼロに近いほうから1に近いほうの順に対応しています。ですから、It is possible but not probable. という英語には、それなりに意味があるのです。限定語という概念を考えたトゥールミンはイギリスの人ですから、当然この違いを念頭に置いていたはずです。こうしたことから私は、限定語は日本語よりも英語のほうが議論に組み込みやすいような気がしています。

反証(Rebuttal)

データから主張への飛躍、または経験的事実からの非経験的事実の導出は、論拠によって正当化されるわけですが、蓋然的な議論をする以上、論拠の効力はあくまで原則的なものです。データから主張への飛躍を一〇〇パーセント保証することは厳密な科学においてもできません。ですから、論拠の効力を保留条件つきで示す必要が生じる場合もあるのです。このような事態を先読みして提示しておくことにより、議論がより分かりやすくなるわけです。この場合の保留条件が反証（Rebuttal）です。

図9に示したように、「これこれしかじかのことが起きていない限りにおいては」という保留条件を出し、それが飲まれるならば一定の限定の範囲で主張が通りますよ、というわけです。保留条件の内容は、対象となる議論の内容に対して反証的な役割をしています。その反証が通るなら、当然のことながら議論（すなわち主張）が通らなくなるからです。

議論のレッスン#5

トゥールミンの議論モデルの概要はお分かりいただけましたか？　ここで軽く練習問題をやってみましょう。

練習問題9　次に示される根拠と主張をもとに、論拠と反証を考え、空欄に書いてみましょう。

根拠
(1)　Aさんはアメリカに一年留学して英語をマスターした。
(2)　Bさんはフランスに二年留学してフランス語をマスターした。
(3)　Cさんはスペインに三年留学してスペイン語をマスターした。

論拠

限定語　それゆえ、おそらくは、たぶん

反証

主張　私もドイツに三年留学すればドイツ語をマスターできる。

中級編　「論拠」の発見

1　論拠が分かれば議論が分かる

論拠が明示されない理由

一般に議論において「論拠」は通常明示されません。意図せず、気がつかず、結果的に論拠が隠され、伏せられている場合が多いのです。これについては、入門編の〈事実で答える習慣〉のところでもお話ししたとおりです。論拠が明示されない理由は大きく分けて三つあります。それは論拠についての知識、意識、意図に関連しています。

第一の理由は知識の欠如です。つまり、論証の際に論拠なるものが必要であることを知らないので、それについて考えたこともないというものです。したがって、論拠については明示できないのです。

面白いのは論拠についての知識がなくても論証はしているということです。論拠に触れなくても論証としては成立してしまうため、その必要性については気がつきません。すなわち、発話者（または筆者）本人が自分の「使っているはずの論拠」の存在に気づかないままに話したり、書いたりしているのです。

第二の理由は知識があったとしても、論拠について内省的に意識できないというものです。つまり、うっすらと意識下にはあるのですが、明示するのがむずかしいと感じている場合です。この場合、自分では明示できない論拠であっても、それを誰かに指摘されると「あっ。自分はそんなことを暗黙に仮定していたんだ」ということは認められる場合があります。ですから、意識をそれに向ければ明示できていない論拠に気づくことはできるのです。

意識との関連で言うなら、論拠は自分の世界の捉え方を反映します。場合によっては、論拠は心の奥底にとどめておきたい。浮上させたくないというケースもあるでしょう。この場合は、自分でも論拠をあえて暗黙のうちに伏せている可能性があります。このことも論拠が明示されない理由です。

第三の理由、それは発話者の意図です。発話者は議論における論拠の必要性については重々承知している。気づいている。しかし、議論をする上で、「あえて表面に浮上させないほうがいろいろな意味で都合がいい」と考える場合です。これは論拠を意図的に明示していないのであり、この場合が、「論拠が隠され、伏せられている」という言い方にあたるのです。この場合ももちろん、論拠は明示されません。このように論拠をあえて明示しないということは、論拠の存在について知っているだけでなく、さらに議論における論拠の役割を十分に知っているということになります。

これらの理由はさておいたとしても、論拠が明示されないということはコミュニケーション一般にいろいろな影響を及ぼします。つまり、誰かと話をする場合、議論や討論をする場合、または、何かを書く場合などに論拠が明示されないことにより、さまざまな誤解や対立が生じる可能性があります。

会議などで話し合う場合で、論拠がその場にいる人たちに暗黙に了解されていることがあります。暗黙に了解されていると思えるがゆえに、その中身の確認を怠る。そのため、後で会議の参加者の間で事実関係の解釈に大きな食い違いが起こることにもなりかねないのです。例えば、「相手の考えを大筋で了解していたつもりが、個々を詳細に詰めていったら、まったく相手を理解できていなかった」などは、論拠が不明なことに原因があるのです。ですから論拠についてはじっくりと、丁寧に考えておかないと、のちのち厄介なことになります。

論拠をどう捉えるかは、その人にとって「議論とは何か」を決定することと等価である、と言っても言いすぎではありません。論拠は、議論において最も中心的な役割をするからです。ここからはしばらく私の「論拠論」におつきあいください。

「論拠」はいつ登場するか

トゥールミンの議論モデルで最初に「論拠」という言葉が登場する場面を思い出してみてください（81ページ参照）。順番としてはまず根拠が必要でしたね。そこから主張が導かれる。そしてその後に、その根拠がどうしてある主張と結びつくかを示すために「論拠」が登場するのでした。

この登場順で考えると、論拠はあたかも論証の最終場面に出てくるような印象を受けます。すなわち、明示的な順に沿って、論拠がいつ出現するかを捉えようとすると、論拠は論証の最後まで出現しないように思えます。はたしてこの順番は正しいのでしょうか。

もし、論拠の登場が議論の最終場面でないとすると、「論拠」はいったい、いつ登場するのでしょう？　結論から先に言いますと、**論拠は議論が始まるずっと以前から私たちの**

心の中で、できあがっているのです。そう推測する理由は次のとおりです。議論において論拠は必ず必要です。ところが、論拠を持ち出さなくても議論としてのやりとりは問題なく進みます。このことは論拠にわざわざ登場していただく必要がないほど、それが当然のものとして、前々から議論の参加者に共有されていることを意味します。

　議論の参加者に共有されている「当然のもの」とは、より具体的に言うなら、一般常識であったり、社会通念であったり、昔からの習慣的考え方であったりするわけです。それは知らず知らずのうちに自分の心の中へ忍び込み、「その内容の正しさは検討する必要のないもの」として伏せられているのです。

　この意識されていない論拠の内容は事実ではありません。それは仮定の集まりです。ですから、自分の持っている論拠に気づかないということは、自分が持っている仮定に気づかないということです。さらに言うなら自分のものの捉え方について気がついていないことになります。ですから、自分にとって「当然のもの」に気づくとは、換言するなら、自分自身のものの捉え方、自分のバイアスに気づくことに等しく、それは容易なことではありません。論拠について考えることにはそんな効果があるのです。

2 「論拠」が経験的事実に意味づけをする

論拠に相当するものは思考プロセスの最も早い時期にすでに登場している、と仮定すると、論拠と経験的事実の関係が見えてきます。ここでの経験的事実とは、根拠のことですが、トゥールミンの議論モデルとの関連があるため、データという語を使います。ただし、データに実証性という意味を付加する場合には経験的事実という語も使います。

ここでは経験的事実（データ）自体には内在する意味はなく、経験的事実への意味づけは論拠が行っているとする考え方を述べてみます。読者のみなさんが仮に「事実はそこに事実としてあるのであり、誰が見ても事実は事実でしょ」と考えておられるとするなら、これからの話はみなさんの直感に反するかもしれません。

結論から言います。まず、「論拠が意識されていない場合を含めて、人間は論拠という視点から自分にとって意味があると思われる対象を事実として選びとる」ということをしています。そのような認知プロセスが人間には備わっています。事実が自明のものとしてそこにあるのではなく、論拠にかなったものが経験的事実として知らぬ間に抽出されているのです。

論拠が先行して事実が抽出される具体例を見ていきます。例えば、ある社会学者が全国の子どもたちの塾通いの実態調査をするためにアンケートを実施したとしましょう。そして、その人に「あなたはどうして実態調査をしているのですか」と聞けば、「実態調査をすることで全国の子どもの塾通いの事実を把握したいからです」と答えるでしょう。アンケート調査の内容を教えてもらうと、日本全国、北から南までの大都市を選び、そこに住む小学生を対象に塾通いに関するさまざまな質問をしている。そこで、さらに「なぜ(why)この調査法を採用すると事実が分かるのですか?」と聞けば、おそらくは「このアンケート調査で全国の子どもの塾通いの事実が収集できるからだ」と答えるでしょう。しかし、この答えは、正確には「このアンケート調査で事実が収集できると仮定されるからだ」なのです。

この調査では次のことが仮定されています。

①子どもたちの塾通いの実態は「小学生」を対象にすれば把握できるはずだ。
②大都市に住む小学生を対象にすれば子どもたちの塾通いの実態が把握できるはずだ。

③実態調査は自分たちが用意したアンケート調査を通して把握できるはずだ。

実態調査の内容を考える時点で、これらの仮定が最初から作用しているのです。すなわち、実態調査をして事実を把握すると言っても、これらの「暗黙の論拠を大前提とする事実」なのです。ですから、この前提を変えてしまえば、同じ実態調査でも異なる「事実」が拾い上げられることになります。つまり、このように事実が論拠次第で相対的に捉えられるということは、事実が客観的にそこにあるというよりは、論拠に支えられたある特定の視点から捉えたときに事実が立ち現れることを意味しています。

「いや、とにかく、何がどうなっているか分からないからこそ、とりあえず実態調査をするのだ」とどんなに言い張ったところで、ある特定の方法を使用せずに実態調査は実施できないのです。ですから、このような言い分はその経験的事実収集の背景となる論拠（仮定）が明確になっていないことの証にすぎません。つまり、どこまで行っても経験的事実収集という行為は論拠から自由になれないのです。たとえるなら、経験的事実収集が孫悟空なら、その背景となる論拠は三蔵法師といったところでしょうか。どんなに客観性を示そうとしても、それは論拠という掌《てのひら》の上での出来事なのです。

また、次のような捉え方も可能です。ある事実収集方法を採用し、他を採用しなかったのは、すでにその選択に論拠（仮定）が効いているからであり、その経験的事実収集法がよいと決定するいわゆる客観的基準などありません。論拠が主観的にその経験的事実収集法を決定したことになるのです。また、経験的事実から引き出されるであろう意味が事前に予想されているからこそ、経験的事実収集に着手できるのであり、これもまた論拠誘導タイプの行為と言わざるをえません。

誤解なきようにひとこと付け加えますと、経験的事実のいわば主観性が悪いということではありません。自分の提示する経験的事実を支えている論拠の主観性を隠さずに、明示することが大事なのです。

データの論拠依存性と論拠のデータ独立性

経験的事実は客観的であると信じていた人にとって、経験的事実こそ主観的産物であると聞かされれば抵抗がないはずがありません（このことについてより詳細に知りたい方は、巻末に付した科学哲学系の本を参考にしてください）。ここでは論拠がデータの意味を決定していると思われる例を挙げてみます。

図 10

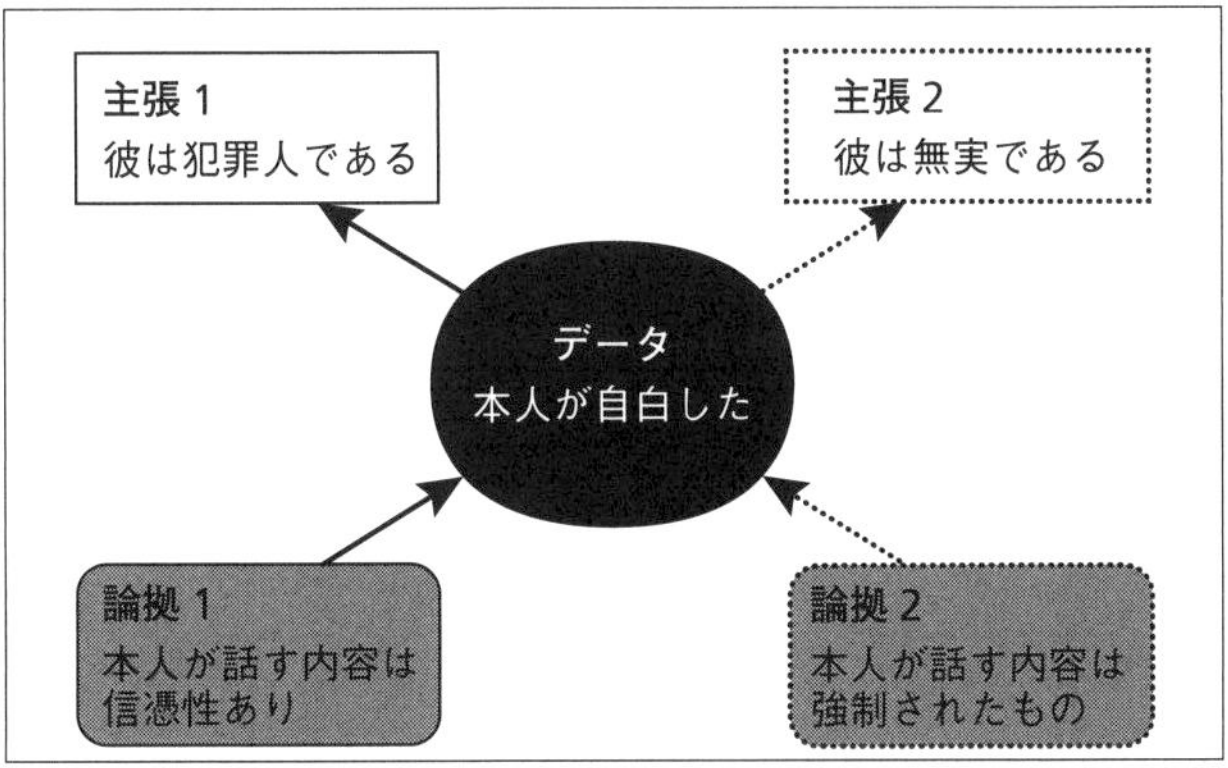

彼は有罪か無罪か

ある人物が犯罪を犯したかどうかを判断する場合で、経験的事実としては当該の本人が「私がやりました」と自白したとしましょう。そして「自白は信憑性がある」という論拠1を用意したとします。そうしますと、主張1である「彼は犯罪人である」が成り立ちます。しかし、一方で、論拠2として「自白は警察から強制されたものであり、信憑性はない」を用いると、今度は経験的事実自体をまったくいじらなくても主張2の「彼は無実である」という、先ほどの主張とは一八〇度異なる結論が導かれてしまいます（図10）。

注意したいのは、ふたつの異なる主張を導いた経験的事実自体はまったく同じものであるということです。経験的事実、根拠にあたるものはまったく変化していないのです。

このことは、経験的事実自体の意味は誰にも明らかなように一義的なものではなく、その経験的事実にどのような〝意味づけ〟をするかによって、経験的事実の意味が最終的に決定されることを示しています。そして、その意味づけは「論拠がしている」ことになるのです。

ロンドン市街地の爆弾とアドホックな論拠

ここで認知心理学者のトーマス・ギロビッチが提起した面白い問題を紹介しましょう。この問題は議論における経験的事実と論拠の関係を理解するために役立ちます。

まずは図11を見てください。この図に示されている小さな●は、第二次世界大戦のときにドイツ軍がロンドンの市街地に向けて飛ばしたロケット爆弾V1、V2が着弾して爆発した場所を示すものです。当時のロンドンの住民はこのデータ（経験的事実）をもとに、「ドイツ軍はロンドン市街地のある特定の場所を狙っている」と判断し、爆弾がより落ちそうにない場所へ逃げたと言います。読者のみなさんが当時のロンドンの市民であったとしたら、この地図のどこへ逃げるでしょうか。この先を読む前に自分の逃げ場所を考えて

図11

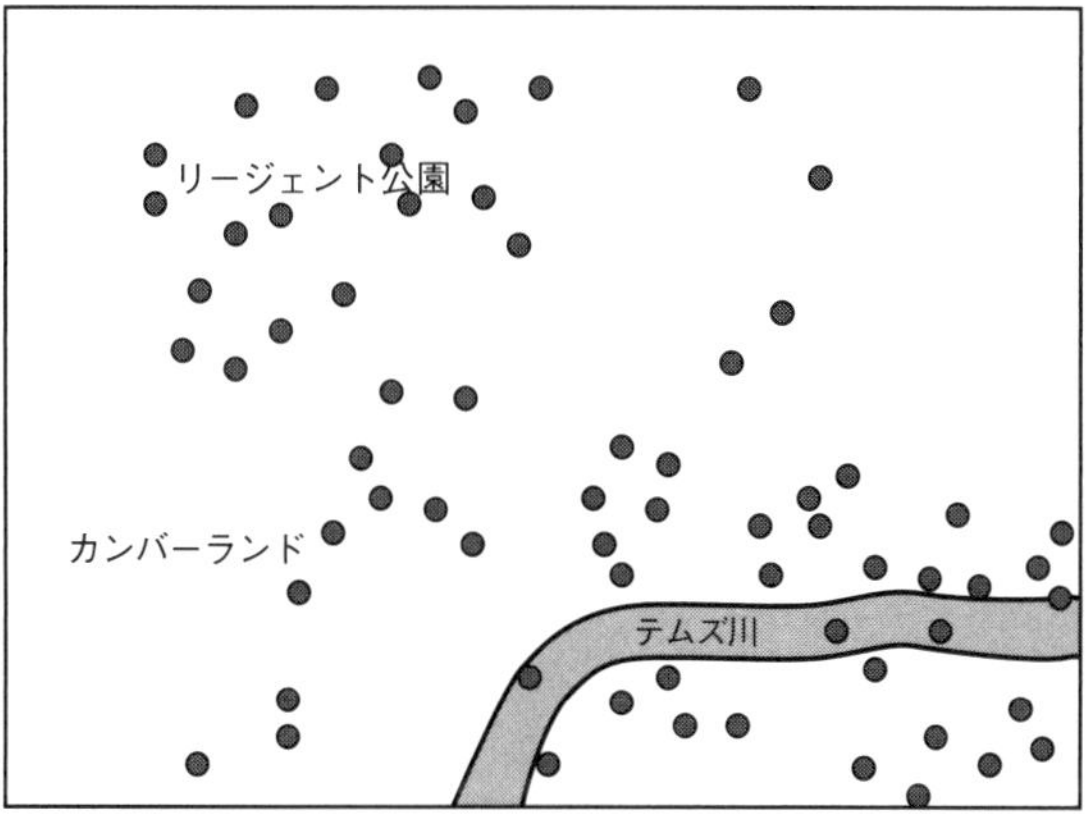

みてください。

大学のクラスでこの問題を学生に出してみると、八〇パーセントくらいの学生が地図の右上か、左下に逃げると答え、その理由として「右上、左下は爆弾があまり落ちていないから」と答えます。残りの二〇パーセントくらいの学生は左上と右下を逃げ場所として選び、その理由は「これらの場所はすでに多くの爆弾が投下されているので、もうこれ以上同じ場所には投下しないだろう」というものです。

ここで考えたいのは学生が「どこへ逃げるか」ではなく、「どのようにして逃げ場所を決定したか」です。右上と左下を選んだ学生、または同じ場所を逃げ場所として選んだ

図 12

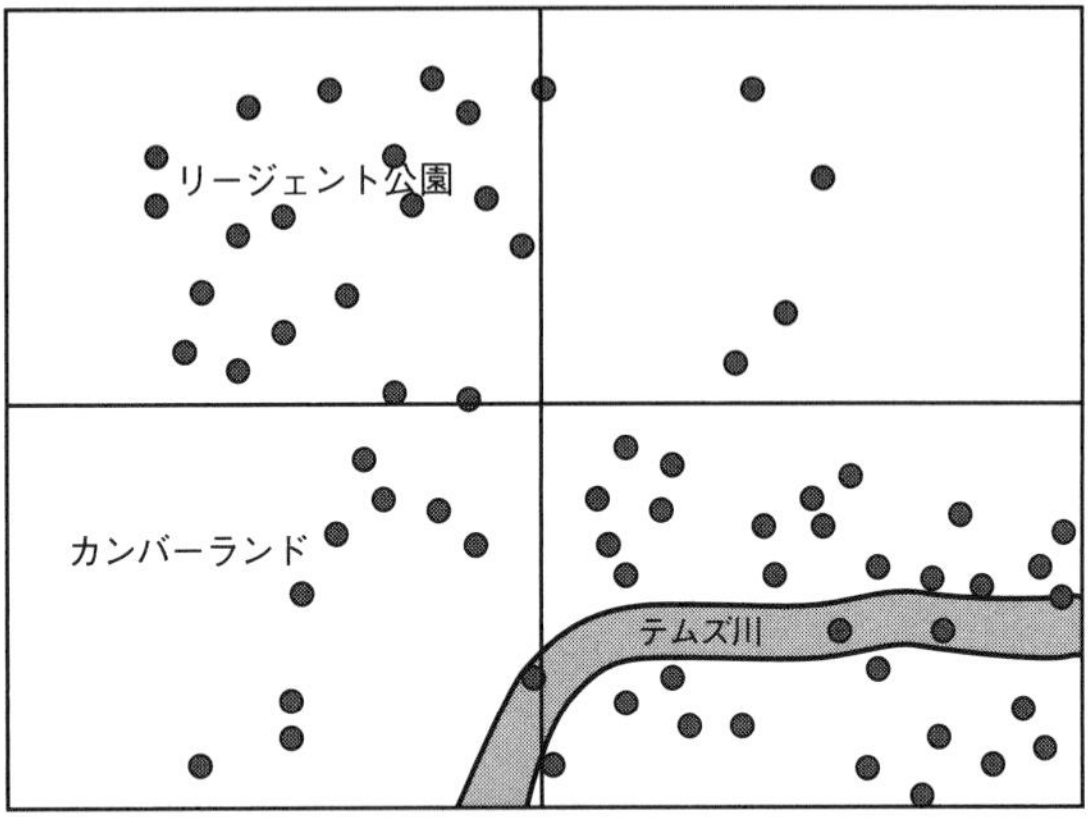

読者は、おそらく図12に示すような直交座標を心の中に描いたのではないでしょうか。そして、各マスに入る爆弾の数を比較して右上、左下のマスに入る爆弾の数のほうが左上と右下のマスに入る爆弾の数より少ないと判断したのではないでしょうか？

この地図を、直交座標を用いて四分割し、各マスに入る爆弾数を数えてカイ二乗検定と称する統計的検定をしますと、確かに右上と左下には統計的に見て少ない数の爆弾が落ちていると言えます。

しかしここで面白いのは、このような地図を見たら自動的に直交座標のような線を引くことなど、誰からも教わったことがないということです。別の言い方をするなら、直交座

図 13

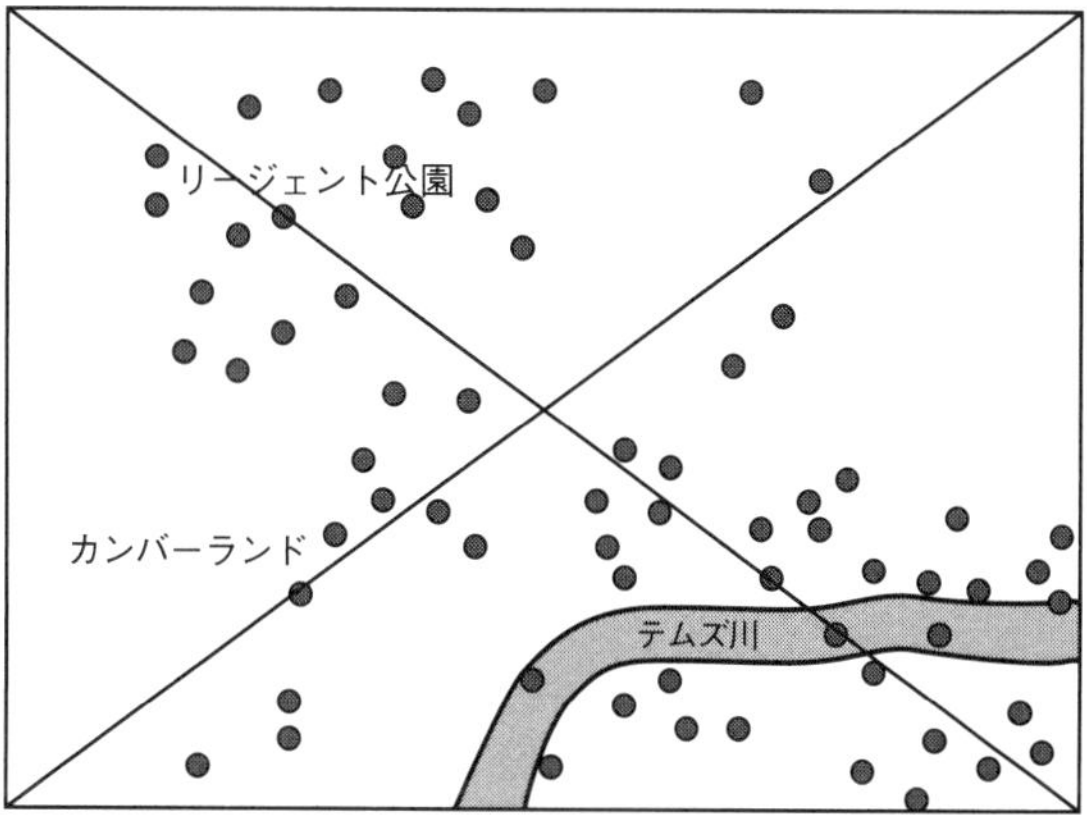

標を引かなくてはならない理由が誰の目にも明らかなように事前に用意されているわけではないのです。

次に図13のような斜交軸を二本引いて、四つの三角にそれぞれ含まれる爆弾の数を見てみましょう。すると、同じ地図に引いた二本の線であるにもかかわらず、各々の三角に含まれる爆弾数にはそれほど大きな差が見られません。これも先ほどと同様のカイ二乗検定をしてみますと、今度は一転して各々の三角に含まれる爆弾数に差がなくなってしまいます。このことは何を意味するでしょうか。

ギロビッチはこの例から次のように指摘しています。それは、後付けならばどんな経験的事実でも最も特異な部分を見つけて、そこだけに都合のよい統計的検定を施し、自由に数値上の差を作り出せること、そして後付けで経験的事実を解釈すると偶然の要因を正しく評価できないという点です。つまり、無意味なデータ（経験的事実）から有意味性を読みとってしまう可能性があるということです。

事実、ロンドン市街地へ向けて飛ばされたロケット爆弾の総数は二万一〇〇〇発以上でしたが、ロンドン市街地まで届いたのは七〇〇〇発あまりにすぎなかったのです。つまり、当時のロケット爆弾は、「ロンドンまで飛んでくれて、ロンドンあたりに落ちてくれれば万々歳」といった程度の精度であり、ロンドン市街地のある特定の場所を狙うなどは考えもおよばない代物でした。投下位置には意味がなく、ランダムだったのです。

この事例は、議論における「経験的事実」とそれに意味を付与する「論拠」との関係を示すよい例です。すなわち、経験的事実としての「爆弾の投下された場所の分布」それ自身に内在する意味はないのです。ここでは「直交座標を引く」「斜交座標を引く」がそれぞれこのデータの意味を引き出すために暗黙に使われた論拠に相当します。

仮に、経験的事実に内在する意味が「客観的」に存在し、誰にとってもその意味が同じものとして恒常的に引き出せるのであれば、同じ地図の上に引いた線を直交軸から斜交軸に変更した程度でまったく異なる結果が生じるはずはありません。ですから、経験的事実の意味は経験的事実の外からやってくるのです。意味を付与するのが論拠の役目なのです。すなわち、経験的事実の意味は論拠依存的であり、論拠は経験的事実から独立である、ということです。

論拠しだいで三五億ドルが動く——9・11はいくつの事件だったのか?

もうひとつ事実をどう捉えるかで論拠がどのように作用するか、しかも作用次第ではとんでもないことになる例を紹介します。

二〇〇一年九月一一日に、ニューヨークの世界貿易センター(WTC)北棟、南棟ビルに旅客機が突入し、二つのビルが破壊されました。あの事件の二年後、WTCの損害補償に関する訴訟が起こるのですが、訴訟の中心的問題は、なんと裁判中に使われた「出来事」という言葉の意味解釈にまつわる議論だったのです。

二〇〇三年七月、WTCのリース権を持つラリー・シルヴァーシュタインさんはWTCの保険会社を相手取り、七〇億ドルの損害賠償を求める訴訟を起こしました。シルヴァーシュタインさんがかけていた損害保険は「一件につき」三五億ドルが賠償額でした。シルヴァーシュタインさんの主張する額は、WTC側の保険会社が想定していた額の二倍にあたる額でした。この保険の契約内容によれば、それがどんなものであれ、WTCビルの破壊をもたらすようないかなる出来事に対しても、最大額を受け取ることが保証されていたのです。しかし、契約の文言が曖昧であったため、何をもってして「出来事」とするかが明確に示されていませんでした。

この契約書では、出来事とは「ひとつの原因、または一連の類似する原因に直接、間接に起因する損失または被害」と定義されていました。このとき、三人の裁判官が問題にしたのは「**二棟のWTCビルへの攻撃はひとつの出来事なのか、それともふたつの出来事なのか?**」というものでした。

シルヴァーシュタインさんと彼の弁護士はこの攻撃はふたつの事件から成ると主張しました。弁護士の言い分はこうです。まず、午前八時四六分に、五人のテロリストが操縦するアメリカン航空11便がWTC北棟ビルに突入しました。そして、その一七分後、午前九時三分に別の五人のテロリストが操縦するユナイテッド航空175便がWTC南棟ビルに突入しました。そのとき、次の可能性もあったはずです。すなわち、(a)計画が実行されてもWTC北棟ビルだけの破壊に終わったという可能性も考えられる。または、WTC北棟、南棟の両方とも攻撃されなかったことも想定可能である。したがって、両方のビルが順に破壊されたということは、これをふたつの出来事として数えられる、としたのです。すなわち、シルヴァーシュタインさん側は、人が引き起こした出来事や事件を「その人の行動の結果という観点で捉え、その人がいくつ物を壊したのかというその数である」とする論拠を主張したのです。

一方、WTC側の保険会社はシルヴァーシュタインさん側の弁護士とは異なる主張をしたのです。(b)旅客機に乗っていたテロリストは両方のビルを破壊するつもりであった。そして、それはひとつのテロ計画の一部を構成するものだ。だから、この攻撃はひとつの出来事である、と。すなわち、人に関して何かを論じる場合には、その人が引き起こした出来事や事件を、「その人が考えていたと思われる計画から生じたものである」と考えるべきであるとする論拠を主張したのです。

ここまでのシルヴァーシュタインさん側の論証と、WTC側の保険会社の論証を基本フォームにしておきます（図14）。

ここまでお読みになって、読者のみなさんは、直観的に「この出来事はふたつからなるのではないか、すなわち、シルヴァーシュタインさん側の論証が正しいのではないか」と思われたかもしれません。なぜなら、ふたつの独立したビルが一七分の時間差をもって

図 14

シルヴァーシュタインさん側の論証

根拠1　保険契約の賠償金額は「1件につき」35億ドルである。

根拠2　5人のテロリストが操縦するアメリカン航空11便が午前8時46分にWTC北棟ビルに突入した。

根拠3　別の5人のテロリストが操縦するユナイテッド航空175便が午前9時3分にWTC南棟ビルに突入した。

結論　だから、シルヴァーシュタインさんは70億ドル受け取る権利がある。

論拠1　計画が実行されてもWTC北棟ビルだけの破壊に終わったという可能性も考えられる。

論拠2　この事件は2つの事象（2件）からなる。

WTC側の保険会社の論証

根拠1　保険契約の賠償金額は「1件につき」35億ドルである。

根拠2　5人のテロリストが操縦するアメリカン航空11便が午前8時46分にWTC北棟ビルに突入した。

根拠3　別の5人のテロリストが操縦するユナイテッド航空175便が午前9時3分にWTC南棟ビルに突入した。

結論　だから、シルヴァーシュタインさんは35億ドル受け取る権利がある。

論拠1　テロリストは両方のビルを破壊するつもりであった。

論拠2　両方のビル破壊はより大きなテロの計画の一部を構成する。

論拠3　この事件は1つの事象（1件）からなる。

別々に破壊されたのだから、出来事はふたつであるのは自明の理だと。しかし、WTC側の保険会社の論証の論拠を背景にすると「この事件はひとつの出来事からなる」ことになるのです。

両者の論証の根拠部分はまったく同じです。つまり、両者ともふたつのビルが異なる時刻に別々に破壊されたという物理的出来事については同意しているのです。ところが、同意しているのはそこまでで、その同じ事実からまったく異なる結論を引き出しています。この時点で両者が「出来事とはどこからどこを指すのか」という点で異なる見方をしているのが分かります。ですから、出来事を含む世界をどう捉えるか、世界がその人の心にどのように表現されているかは、ひとえに論拠にかかっていると言ってもよいでしょう。

3 論拠と「やはり」の絶妙なコラボ

さてここまでは「論拠とは何か」、そしてそれは議論（論証）においてどんな役割をするのかについてお話ししてきました。ここからは実際の議論・討論において論拠がどのように使われているのか見てみましょう。ここで私は日本人が会話で頻繁に使う「やはり」という言葉に注目します。両者はどう関係するのでしょうか？　楽しみながらお読みください。

論拠と「やはり」の複雑な関係

私はいろいろな場面で議論についてお話をさせていただく機会をもってきました。どこで話をしても、「根拠と論拠の区別がよくわからない」という反応をみなさんからよくいただきます。「どうして論拠は分かりにくいのか？」は私にとっての最大の関心事でもあります。ですから論拠と何らかの関係がありそうな事柄にはけっこう敏感になっていました。そんなとき、ある面白い言葉の使い方に気がつきました。それは「やはり、やっぱり」という言葉です。

私は、自分自身も含めて多くの人が会話の最中や会議の場などで「やっぱり」という言葉をかなりの頻度で使うことが気になっていました。場合によっては、前後の脈略とは無関係に「やっぱり」から話を始める人もいます。「やっぱり、日本を知るには外国に出るのが手っ取り早いんじゃないかな」「やっぱり、コツだけを盗んで楽するようなことを覚えちゃうと、後になって地道に積み上げてこなかったことを後悔することになるんじゃない？」といった調子です。

「やはり、やっぱり」の使い方は大きくふたつあります。ひとつは、「アジアプロ野球チャンピオンシップでは、やっぱり、侍ジャパンが優勝したね」という使い方です。これは事前に期待していたこと（強い侍ジャパンが勝つと思っていた。仮説と言ってもいいですが）が実際の結果（侍ジャパンが勝った）と一致した場合に使う「やっぱり」です。この「やっぱり」の用法は別段問題になりません。

私がこれから取り上げたいのはもう少しわかりづらい方の「やはり、やっぱり」です。例えば、「安倍政権にはこれ以上期待できないので、今回の選挙では野党に票を投じる決心をしていました。しかし、いろいろと考えたすえ、やはり、自民党に投票してしまいました」「世界的レベルでテロ対策が検討されているけれど、ますますテロが悪化しているようですね。テロを無くすには、やはり、テロへの対処療法では十分な効果は得られないね」というときの「やはり」です。この「やはり」の用法は論拠と深いかかわりがあり、この後にお話ししますが、その解釈には多少面倒な手続きが必要です。

みなさんも、意識することはないでしょうけれど、話の随所に「やっぱり」を使っているのではないでしょうか？　注意してテレビ番組での会話や、自分の周りの人の話を聞いてみてください。「やはり、やっぱり」は至るところに出てきます。

余談ですが、私はこの「やっぱり」という言葉に対応する英語があるかどうか気になり、英語を母語とする人に聞いて回ったことがあります。ある人は会話中に使う「you know」という表現が「やっぱり」に近いのではないかということでしたが、これは語法からして似て非なるものです。どうやら、一語で「やっぱり」に対応する英語の言葉はないようです。

こうしたこともあり、「やっぱり」という語は日本人の議論や論証において良くも悪くもある種の「日本的役割」を演じているのではないかと考えるようになり、「やっぱり」に「やっぱり」はまってしまったということです。

日本語における「やはり」の使い方

私は次のように考えています。日本語における「やはり、やっぱり」は、議論・論証における論拠の内容を**隠したり**、**伏せたり**、**または暗黙の了解にする機能**をもつキーワードです。論証の構造を理解していれば「やっぱり」を使って、論拠を意図的に「隠したり、伏せたり、暗黙の了解」にすることは可能です。ですから、とても便利ではあるのです。しかし、一方で「やっぱり」を安易に使うと論証で最も重要な論拠について気づかずに終わってしまう危険性もあります。

また、相手の「やっぱり」を使った意見にうっかりうなずいて同意してしまうと、場合によっては相手が暗黙に示した論拠を含めて相手の意見を呑んだことにもなりかねません。その意味で相手が「やっぱり」を使いながら説得しはじめるときは要注意です。

自分が相手のものの見方に知らぬ間に合わさせられ、気がついたら重要な結論を導く際の「論証共犯関係」を持っているかもしれないのです（ちょっと大げさですが）。ですから、場合によっては、「やっぱり」危険です。もっとも、ごく一般的には、深い意図があって「やっぱり」を使っているというよりは、その使い方など気にせずに、感覚的、機械的に使用していると思われますが。

「やはり」と日本人の論理

「やはり」という言葉について国文学者の板坂元さんが『日本人の論理構造』の中で解説しています。実は、板坂さんの本の存在を知ったのは、私が「やはり」の使用法の不思議さに気がつき、それに関して自分なりの論証ベースの答えを出し、旧版の『議論のレッスン』を書き始めた頃でした。面白いことに板坂さんと私の「やはり」についての解釈は違っていました。

以下に板坂さんの本からの引用を載せます。内容は国文学を背景とする「やはり」の用法の解釈と言えるでしょう。一方、私の解釈は、トゥールミンの議論モデルを基礎にして、帰納的論証の要素、特に論拠の役割を中心にしたものです。まずは板坂さんの見解をまとめ、それに解説を付け、ついで私の考え方を述べます。

［板坂さんの解説1］

板坂さんは、丸山真男（政治学者）が鶴見俊輔（哲学者）との対談で発言したことを引用しています。文中の「　」は私が補ったものです。

新憲法制定の直後に、憲法普及会ってのが方々にできましてね、政府のお声がかりで。私の同僚や先輩たちが講演などに動員されたけど、私は断わった。新憲法自体に批判的じゃなかった。にもかかわらず、憲法普及会に参加するってことは「やっぱ

り」いやだった。（鶴見俊輔編『語りつぐ戦後史Ⅰ』思想の科学社、一九六九年）

問題になっている「やっぱり」発言は最後の箇所に登場しています。この丸山の「やっぱり」発言は、突如として出現したのではなく、事前の下敷きがあってのことだと板坂さんは言います。この対談の「やっぱり発言」のちょっと前の方で、丸山は「それと、もう一つ私の体質のなかにあったのは、きのういったことと無関係に急に変ったことはいいたくないという気持。内的連続性というか、あるいは一種の保守性といってもいいかも知れない。変るにしても、突然変異的な変り方はしたくないという気持。強いていえば、このふたつですね」（前掲書）と発言していることを板坂さんは指摘します（傍線部分(a)を「保守性発言」と呼んでおきます）。板坂さんは、丸山の「やっぱり」発言は、この「保守性発言」が下敷きとしてまず用意され、その下敷きにのっかる形でなされたと解釈しています。

そして、「憲法普及会には参加しない」という結論を導き出す場合にも下敷きの内容（傍線部分(a)）が「変わることなく同じように」働いたという意味で「やっぱり」が使われたのだと板坂さんは解釈しています。「やっぱり」発言の前にまずはそれを使う土壌を用意しておき、その上で「やっぱり」を使ったというわけです。

図 15

根拠1	新憲法制定の直後に憲法普及会ができた。
根拠2	自分は新憲法自体には批判的ではない。
結論	（しかし、やっぱり）憲法普及会への参加を断った。
論拠1	（なぜなら）昨日言ったことと無関係に急に変わったことはいいたくない。
論拠2	（なぜなら）内的連続性、一種の保守性が自分の中に体質としてある。
論拠3	（なぜなら）変わるにしても突然変異的な変わり方はしたくない。

〔丸山発言の論証構造のまとめ1〕

板坂さんの解説はこの後にも続きますが、先へ行く前に、ここで丸山の発言を論証基本フォームにしておきます。傍線部(a)は論証における論拠の役目をしています。図15の論拠1、2、3を**主たる論拠**としておきます。繰り返しますが、丸山の対談における実際の発言では、論拠は根拠と主張が出される前に発言されています。

〔板坂さんの解説2〕

板坂さんはさらに続けます。ちょっと長くなりますが、論証を考える上でのネタ満載なのでそのまま引用します。○番号、網掛け、ゴシック文字は私によるものです。また、（　）内は私が補ったものです。

（中略）①このように、話題としてとりあげたことがら（根拠から主張を導く過程）が、すでに確立している恒常的原理的なもの（「保守性発言」のこと）に適合するという意味をやはり第一にもっている。けれども、ある事物をその背後にある根本的な体系の中に組み入れて位置づけるだけなら、やはりはさほど難しい言葉ではないのだが、②**恒常的原理的なものに**（話題として取り上げたことで、かつ論証されているものを）**結びつける過程に特別な手つづき**がとられる場合が非常に多い。やはりの特色はむしろこの方に見出される。丸山の言葉に「新憲法自体に批判的じゃなかった。……」という箇所がある。論理的に考えをおしすすめれば、憲法普及会には当然学者として市民として参加すべきである、③そういう規範意識をもちながら、**何となくとか、あらがいがたい気持**としてとかを補うようにして、やはり（新憲法普及会に参加するのは）いやだった、という言葉があらわれる。（導出を保証する論拠は）④恒常的原理的なものに適合することはするのだが、なぜ適合するかについては、**曰く言いがたし的に飛躍**

をする。それがやはりを特色づけるものというべきである。⑤AかBかという対立があって、やはりAの方をとるという場合、**なぜBを捨てるかについての根拠**は示されない。⑥Aの方が、恒常的原理的なものに適合するのは**感覚的レベルで決められる**からである。

（中略）⑦自分の知識なり判断が、自分の外部に何か動かしがたいものとしてもともと存在し、好悪是非をこえて自分はそれにしたがわざるを得ないというのがやはりという副詞の持つ意味なのである。（中略）やはりという語も古い比較法の系統をひくものである。AとBとを比べて、Aの方がもともと心の底ではずっと以前からすぐれたものである、ということに気がついたという考え方を、やはりは行なうのである。⑧自分自身の判断として明確に提示するのではなく、**判断が自発の状態で成立する**わけである。

ここまでが板坂さんの「やはり」の使われ方についての見解です。

［福澤の「やはり」の解釈］

次ページの図16を見てください。私は議論、対話などにおいて「やっぱり」が使われる際の、おおまかな背景を次のように仮定しています。なお、(5)にある補助仮定については本文中で解説をします。

図16のように「知識レベル」（事実）、「行動レベル」（仮定）を想定します。そして、この二つのレベルの組み合わせで、「やはり」が行動レベルで五つに分かれて出現するという考えです。「知識レベル（根拠）、だから、行動レベル（結論）。なぜなら、意識レベル（論拠）」という論証としてお読みいただいてもかまいません。

「やはり」が使われることによって、議論が分かりにくくなる使い方は(4)の場合です。すなわち、「自分の提示する根拠と主張の組み合わせが論証として成立することは、事前に暗黙に了解された原理（後述する補助仮定を含む）に立脚すれば了解可能であろう」と発話者が思い込むときに「やはり」が用いられる。これからお話しする丸山の発言に見られる「やはり」の使用は、(4)と(5)の組み合わせになっています。(4)について丸山は心中では当然視していたかもしれませんが、読者には不明です。発言の結果から推測するしかありません。

図 16

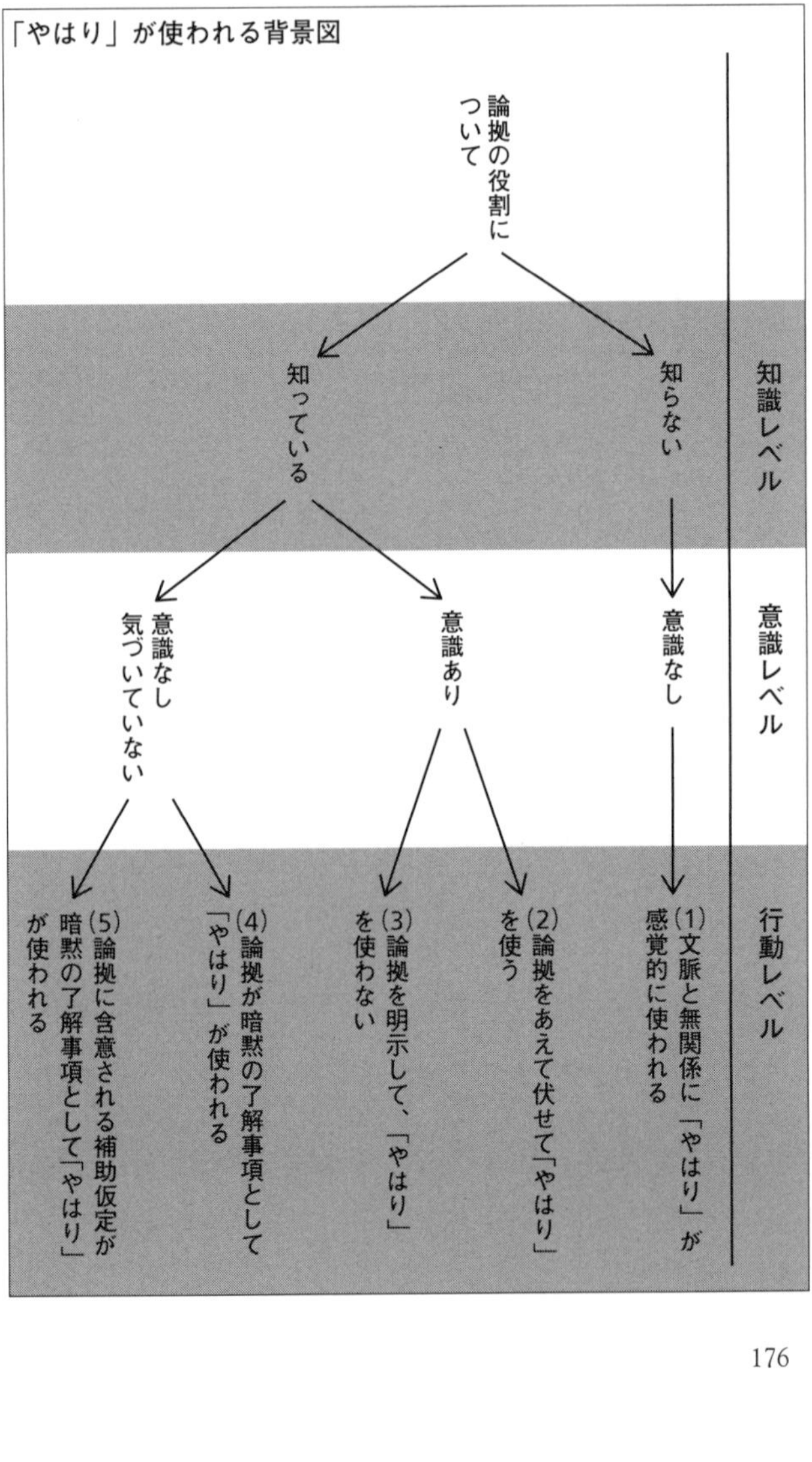
「やはり」が使われる背景図
論拠の役割について
知っている
知らない
意識なし
気づいていない
意識あり
意識なし
知識レベル
意識レベル
行動レベル
(1)文脈と無関係に「やはり」が感覚的に使われる
(2)論拠をあえて伏せて「やはり」を使う
(3)論拠を明示して、「やはり」を使わない
(4)論拠が暗黙の了解事項として「やはり」が使われる
(5)論拠に含意される補助仮定が暗黙の了解事項として「やはり」が使われる

「特別な手続き」とは何かを探る

ここからは板坂さんの考え方についての私の解釈を始めます。板坂さんは「やはり」の使用法でより分かりにくいものがあると指摘しています（文②～文⑥）。文②に「**恒常的原理的なものに**（論証の要素を）**結びつける過程に特別な手つづき**がとられる場合が非常に多い」とあるように、「やはり」の使い方が分かりにくくなっているのはこの「特別な手続き」が何であるのか分からないためです。

この「特別な手続き」を論証ベースで言い直すなら、**根拠から主張が導かれるときに論拠がどのようにかかわるのかの詳細を示す**ということになります。丸山の論証では主たる論拠以外何も示されていません。実は「語られていない論拠」（「隠れた根拠」）が潜んでいるのです。この詳細を明示すれば「特別な手続き」の中身が見えてきて、丸山の議論もより分かりやすく整理できるのではないでしょうか。

そこでこの「特別な手続き」がどのように「特別」なのか探ってみると、それは、どうやら文③から文⑥にあるファジーな太字の語句によって表現される程度の「特別さ」のようです。「③規範意識をもちながら、**何となくとか、あらがいがたい気持**としてとかを補うようにして」「④なぜ適合するかについては、**曰く言いがたし的に飛躍**」し「⑤AかB

かという対立があって、やはりAの方をとるという場合、**なぜBを捨てるかについての根拠は示されず**、「⑥Aの方が、恒常的原理的なものに適合するのは**感覚的レベルで決められる**」のであれば、それは確かに「特別な手続き」と言われても仕方がない。これら③から⑥までの太字の語句が何を意味するかこれ以上の説明がないために、「特別な手続き」としか言いようがなかったのでしょう。

「特別な手続き」の内容を明確な論証用語に置き換える

それでは「特別な手続き」という感じがどこから来ているのかその内容を考えていきましょう。板坂発言の③から⑥にある太字の語句が論証のどの操作に対応したものなのかを見ていきます。そしてその内容を論証の用語（「議論を語る言葉」）で表現し直していきます。板坂さんの解釈を細かく区切って見ていきましょう。まずは文③からですが、その直前の文を含みます。

［特別な手続き――その1］

「何となくとか、あらがいがたい気持としてとかを補う」

論理的に考えをおしすすめれば、憲法普及会には当然学者として市民として参加するべきである。③そういう規範意識をもちながら、何となくとか、あらがいがたい気持としてとかを補うようにして、やはり（新憲法普及会に参加するのは）いやだった、という言葉があらわれる。

図15にある根拠1の「新憲法制定の直後に憲法普及会ができた」は、あるものが急に変化したことを示す具体例と考えていいでしょう。この根拠から「新憲法普及会に参加するのはいやだった」という結論を導くために論拠1、2、3が使われています。この論証は明解です。

一方、根拠2の「自分は新憲法自体には批判的ではない」にもかかわらず、憲法普及会に参加しないという結論は一見矛盾しています。批判的でないなら憲法普及会へ参加してもよさそうです。この根拠1と2は方向の異なる別々の結論（憲法普及会に参加する、参加しない）を出しうるものなのです。このふたつの根拠が同時に提示されるのは確かに妙です。

この矛盾した結果を導く手続きなりステップが不明だったため、結果的には、板坂さんは仕方なく「何となくとか、あらがいがたい気持としてとかを補う」ように摩訶不思議な力がこの一見矛盾する結論を引き出すときに効いたと考えたようです。「何となく」は理由が分からないときの答えとしてよく使われますね。「あらがいがたい気持」とは逆らうことができないという意味ですね。これも理由としては何のことか分かりません。

主たる論拠に含意される補助仮定を探る

丸山の主たる論拠内容の意味をそこなわない範囲で変えてみますと、「内的連続性・一種の保守性が自分の行動原理の根幹にある」「変わるにしても突然変異的な変わり方を擁護するのは自分の行動原理に反する」ということが引き出せます。そこから、「変わること自体は必ずしも悪いことではない」という仮定が推測できます。このように根拠と主張をつなぐための論拠には主たる論拠（主たる仮定）と、主たる論拠に補助的に働く仮定があることが分かります（図16の⑸）。この補助的に働く仮定を**補助仮定**と呼びます。「変わること自体は必ずしも悪いことではない」という補助仮定と「新憲法には批判的じゃなかった」という考え方は矛盾していません。

さらに、主たる論拠以外に、「自分の最終的行動はあくまでも内的連続性という行動原理に依拠するべきである」「行動選択をする場合には、行動原理に照らし合わせ、それとより整合性のある行動をとるべきである」「相矛盾する複数の事実からある特定の事実を選択するような意思決定をする場合、信条・哲学・原理ベースによる決定に優先順位がある」という補助仮定を追加する必要があります。このような補助仮定群を想定し、それ全体を論拠として用いると、一見矛盾的な根拠である「新憲法には批判的じゃなかった」と「憲法普及会には参加しない」という結論との間に論理的リンクが見えてくるのです。

「憲法普及会には参加しない」という結論は、二つの根拠（図15の根拠1、2）を内的連続性と保守性という主たる論拠および補助仮定に照らし合わせた結果、丸山の中で「根拠2に比べ根拠1の重みがより大きくなったために導かれたのではないか」という解釈が可能となります。補助仮定が丸山の対談では言及されていますので、論証上の手続きが伏せられていることになります。伏せられている分「特別な手続き」に思えるのです。

なお、一般的な議論では補助仮定を含む主たる論拠も明示されることはほとんどありません。ですから、論拠を意識していない議論の難しさの原因になっています。

丸山の論証における推定される補助仮定

丸山の主たる論拠1、2、3から「内的連続性・一種の保守性が自分の行動原理の根幹にある」「変わるにしても突然変異的な変わり方を擁護するのは自分の行動原理に反する」ということが引き出せます。そこから、「変わること自体は必ずしも悪いことではない」も含意されていると考えられます。

主たる論拠1、2、3の他にここで挙げた補助仮定を追加すると、この一見矛盾する結論が導けます。

補助仮定1　変化自体は悪いことではない。
補助仮定2　あることへの思想レベルの賛成表明と、それにまつわる具体的行動はお互いに独立である。
補助仮定3　自分の最終的行動は自分の信条・哲学・原理に依拠する。
補助仮定4　経験的事実の意味的重みづけは信条・哲学・原理に依拠する。

結論導出に補助仮定4を追加してみると、「何となくとか、あらがいがたい気持としてとかを補う」内容がより明示的になるのです。したがって、このようなファジーな文言を使わなくても、丸山の論証は理解できます。

［特別な手続き――その2］

「曰く言いがたし的に飛躍をする感覚的レベルで決められる」

④恒常的原理的なものに適合することはするのだが、なぜ適合するかについては、曰く言いがたし的に飛躍をする。それがやはりを特色づけるものというべきである。⑤AかBかという対立があって、やはりAの方をとるという場合、なぜBを捨てるかについての根拠は示されない。⑥Aの方が、恒常的原理的なものに適合するのは感覚的レベルで決められるからである。

「（主張と根拠との論理的関係性は）恒常的原理的なものに適合することはする」とありますので、恒常的原理的なものは論拠として機能していることになります。しかし、なぜ適合するかの理由は分からないとしています。その分からなさは「曰く言いがたし的飛躍感」

をともなっている。

一般に議論において飛躍感が生じるのは、ふたつの事柄（例：根拠と主張、文と文）に意味的関係性が薄い場合です。例えば、「今日は天気だ（根拠）。だから、明日の株価は上がるぞ（主張）」という論証には飛躍感がありますね。その意味的関係性をつけていく役目をしているのが補助仮定です。ですから、ここでもまた先ほどお話しした補助仮定にご登場いただければ、飛躍感は解消します。

補助仮定を明示しておかないと、結論が「曰く言いがたし的」に飛躍して導かれると感じてしまい、その上それが「やはり」の特徴であるというところまで行ってしまう。これはまずい。これではまるで、「この事柄はなんだか分からないけど、その分からないこと自体がこの事柄の特徴だ」と言っているのと同じです。

次に、「⑤AかBかという対立があって、やはりAの方をとるという場合、なぜBを捨てるかについての根拠は示されない」という箇所です。これは根拠1「新憲法制定の直後に憲法普及会ができた」と、根拠2「自分は新憲法自体には批判的ではない」の対立を指していると思われます。

これらふたつの根拠から丸山は根拠1を取ったわけです。これも先ほど挙げた補助仮定

4（経験的事実の意味的重みづけは信条・哲学・原理に依拠する）を参照すれば「なぜAをとり、なぜBが捨てられるかの理由」も同時に明示できます。

ちなみに、「なぜBを捨てるかについての根拠は示されない」とありますが、ここで示すべきは事実としての根拠ではなく、論拠としての仮定です。思い出してください。ロンドン市街地に投下された爆弾の分布という根拠（事実データ）の中には「なぜ、これこれの場所が安全な地域であるのか」という答えが含まれていませんでしたね。その答えを引き出すにはロンドンの地図に直交軸や斜交軸（ともに論拠に対応）を書き込む必要があった。すなわち、「なぜ」という問いの答えは事実の中には含まれていないため、事実を持ち出しても「なぜ」への答えにならない。ですから、ここは仮定で答えるしかないのです。ここではそれが補助仮定だということです。

次に、「⑥Aの方が、恒常的原理的なものに適合するのは感覚的レベルで決められるからである」ということについてです。この「感覚的レベルでの決定」という表現の内容もこのままでは何のことかさっぱり分かりません。適合性について決定する理由が見つからないのでただ感覚的レベルでの決定と言っているとしか思えません。恒常的原理的なものになぜ適合するかについては、「曰く言いがたし的に飛躍」し、「感覚的レベルで決められる」という言い方は、ともに「なぜ、どのように適合性が決定されるかは最後まで分からない」と表明しているのと同じです。

論証するということは、その構成要素である根拠、主張、論拠（補助仮定）の間の関係を論じること、前提から結論を導く行為が思考することに他なりません。ですから、論証に感覚レベルの話はそもそも入る余地はないのです。感覚レベルの話を持ち出す前にするべきは、恒常的原理的なもの（論拠）を構成しているより詳細な仮定の集合について考察をすることです。そうすれば、なぜBを捨て、なぜAの方が、恒常的原理的なものに適合するかが見えてくる。ここも補助仮定を使えば感覚レベルの決定でないことが示せます。

［特別な手続き――その3］

「判断が自発の状態で成立する」

⑦自分の知識なり判断が、自分の外部に何か動かしがたいものとしてもともと存在し、好悪是非をこえて自分はそれにしたがわざるを得ないというのがやはりという副詞の持つ意味なのである。（中略）やはりという語も古い比較法の系統をひくものである。

ＡとＢとを比べて、Ａの方がもともと心の底ではずっと以前からすぐれたものである、ということに気がついたという考え方を、やはり行なうのである。⑧自分自身の判断として明確に提示するのではなく、判断が自発の状態で成立するわけである。

板坂さんはこの箇所で「やはり」が出現する普遍的背景とでも言うべきことに言及しています。「やはり」を使うことで、「それ以上論拠についてのつっこみはなしにしてね」と訴えているようにさえ聞こえてきます。

私の考えでは、「やはり」が使われる背景は板坂さんが表現するほど大げさなものでも、迷宮入りになるような謎めいたものでもありません。ここでも繰り返してお話しした通り、論拠に含意されるものを引き出し、考えられる補助仮定を丁寧に追加することで十分に理解可能なものです。

「ＡとＢとを比べて、Ａの方がもともと心の底ではずっと以前からすぐれたものである、ということに気がついた」とあります。もともと心の底ではずっと以前から考えていたのであれ、これから考え始めるのであれ、ＡとＢを比較してどちらがよいかを判断するには、判断基準を事前に用意しておかなければ不可能です。その判断基準は論拠そのものです。

誰もが納得する基準などありえないのですから、基準を仮定するしかありません。なぜ「Aの方がBよりも優れている」と感じたのかを内省することにより、自分はどんな側面を高く評価し、何を低く評価しているかに気がつきます。自分で何かを判断し、結論を出しているのに、それを決定した論拠の内容に自分自身が内省的に気がついていない、または明確にしていない状態だと、あたかも「判断が自発の状態で成立する」ように感じられてしまうのです。

板坂さんの解釈のように、「やはり」が魔法のように作用し、「やはり」が参照する論拠がなぜ根拠と主張を結合させられるかの理解は我々の英知をはるかに超えているとするならば、当該の議論については、もうそれ以上論証プロセスに関して吟味も批判もできないことを意味しています。だとすると、このような「やはり」の使用は議論の終焉を意味するのではないでしょうか。

丸山の発言の「分かりにくさ」を振り返る

まず、丸山の「やはり」発言の分かりにくさを整理しておきます。根拠が論拠を介して主張に一直線でつながる場合、私たちはそこに論理的な流れを読み取ります。これが分かりやすい論証です。一方、丸山の場合、提示された複数の根拠が相矛盾していたため、主たる論拠を介しても、それらの根拠からどうして一方的な結論（憲法普及会に参加しない）が導かれたのか分かりませんでした。

［分かりにくさのポイント1］

丸山の論拠では、実は相矛盾する根拠から別の結論を出す際に、主張と結論を結びつける補助仮定が暗黙に用意されていたのです。論証が分かりにくくなっているのは、この補助仮定が対談において明示的に言及されていないからです。

［分かりにくさのポイント2］

さらに、丸山の論証における論拠の働かせ方は絶妙です。主たる論拠が、根拠と主張の関係を結びつける役目を果たしているどうか、ひとつひとつ検討していくと、確かに両者の間（根拠と主張と、論拠の間）には矛盾が生じ、論証が成立しないものがあります。しかし、「新憲法には批判的ではない」という根拠と「憲法普及会には参加しない」という結論との関係を論拠が結合させるときには、主たる論拠には明示されていなかった補助仮定の中から、最適なものが暗黙のうちに選択されているのです（図16の(4)と(5)）。これが丸山の論証における論拠の使い方の難しさになっています。丸山の論証基本フォームの完成版を図17として示します。

「やっぱり」発言とその「下敷き」発言との間

ここで注意しておきたいのは、板坂さんは丸山と鶴見の対談を読んで、「やっぱり」の使用について、その発言の前まで遡《さかのぼ》って解説しているという点です。活字で書かれているものであれば対話の前後を自由に何度も読み返すことができます。「やっぱり」を使用する前に下敷きとしての論拠（「保守性発言」）があったのかどうか、その発言の前に戻って調べることができるのです。

当然のことながら、対談は口頭で行われます。鶴見との対談において、丸山が「やっぱり発言」のどれくらい前に「保守性発言」（論拠）を準備していたのか確認をしたところ、やっぱり発言の一〇行前、文字数にして約四〇〇字程度前に言及していることが分かりました。実際のところ、この間にどれくらいの時間が流れていたのかは分かりませんが、数分は経過していたと思われます。

図 17

根拠1	新憲法制定の直後に憲法普及会ができた。
根拠2	自分は新憲法自体には批判的ではない。
結論	（しかし、やっぱり）憲法普及会への参加を断った。
論拠1	昨日言ったことと無関係に急に変わったことはいいたくない。
論拠2	内的連続性、一種の保守性が自分の中に体質としてある。
論拠3	変わるにしても突然変異的な変わり方はしたくない。
補助仮定1	変化自体は悪いことではない。
補助仮定2	あることへの思想レベルの賛成表明と、それにまつわる具体的行動はお互いに独立である。
補助仮定3	自分の最終的行動は自分の信条・哲学・原理に依拠する。
補助仮定4	経験的事実の意味的重みづけは信条・哲学・原理に依拠する。

口頭での議論では、人の発言はリアルタイムで流れていきます。ですから、よっぽど注意して相手の発言内容を記憶しておかない限り、ある時点で論拠に対応する発言があり、その発言の数分後にその論拠を受けて「やっぱり……である」と結論を出されても、なぜある根拠からある結論が導かれたのかはつかめません。ですから、分かりやすい話をするのであれば、自分で論証する場合は、論拠の要素をひとまとまりにして発言するべきなのです（図16の⑶）。

また、相手の論証の全体を把握するためには心の中に論証モデルを思い浮かべ、相手の発言が前提／根拠、結論／主張、論拠のどれに属するのかのふるい分けをしながら聞きたいものです。

ここで取り上げた対談で、丸山が論拠をまず提示し、その後に根拠と主張を提示するという議論の手法をとっているところは見事としか言いようがありません。このように自分の論証の背景となる仮定を意識している発言にお目にかかることはめったにないのですから。

分かりやすい議論

私は「分かりやすい議論をする」という観点から次のように考えます。すなわち、「動かしがたく、好悪是非を超えるもの」を想定したり、「感覚的レベルの判断」を用意し、それらを背景に「やっぱり」を使うこと、または使おうとするメンタリティは極めて危険であるということです。もちろん、ここでは、「やっぱり」という言葉に導かれるままに論証を終えてしまってはいけない類《たぐい》の議論を前提にしています。

議論における「やはり」の使用は、私たちがある事象をうまく説明できない場合に、「偶然」「無意識」「直観」「個人差」といった便利な概念を持ち出し、それによって事象を説明した気になるのと似ています。これらの言葉は「もうこれ以上分析は不可能なんだ」というときに登場するようです。

一見、これ以上のつっこみは不可能に見える論拠であっても、**論拠が含意することを取り出したり、補助仮定を追加する**などして論拠をさらに分析することは可能なのです。もちろん、これは簡単な作業ではありません。大変ではありますが、これを探ることが「分かりやすい議論」のはじめの一歩です。

議論のレッスン#6

次の文章にある論証を探し、その「隠れた論拠」を推定してください。

日本のマスコミや教育関係者の論調に次のようなものがある。「①単に事実関係を憶えるような勉強ばかりしていてもだめだ」とか、「②暗記に頼る勉強ばかりしていると、③大学には合格できるようになるかもしれないが、④グローバルな時代に対応できる思考力のある人間にはならない」というものである。このような論調が広がると、⑤勉強が得意でない子どもやそういう子どもを持つ親は、「⑥暗記に頼るような勉強がなまじできると⑦創造性が失われる」とか、「⑧受験に役に立つような勉強ができると⑨人間性が損なわれてしまう」というような考え方を信じてしまって、⑩さらに勉強をさせなくなるという悪循環になってしまう。⑪学校での勉強ができる子どもであっても、⑫スランプの時期にそのような言説を見聞きして「自分は今まで親の指示どおりに生きてきた」とか、⑬「自己欺瞞だった」というふうに考えてしまうのは残念なことでもある。つまり、⑭「学校の勉強なんてできなくていいのだ」というキャンペーンが、⑮勉強が不得意な子どもを今まで以上に勉強嫌いにさせ、⑯勉強ができる子どもにも次第に学力の低下をもたらす結果となる。一方で、⑰できる子どもは「勉強や学歴がすべて」という自分に都合のよい価値観に意固地にしがみつくということにもなりかねない。

この文章の内容は単純ですが、論証の組み合わせが分かりにくくなっています。詳細を見る前に文章全体を俯瞰してみましょう。

［文章を鳥瞰図的に見る］

文章をざっくりと読んでください。まず、マスコミ／教育関係者の論調と論証は主張①、論証②→③、論証②→④（論証図のところで紹介しましたが、→は導出です。例えば、②→③の場合は、「②だから、③」と読んでください）となっています。その論調に影響されるのは、⑤勉強が得意でない子どもとその親(a)とします）、それに⑪勉強のできる子ども(b)とします）です。論調、論証を根拠として受けて(a)については⑥→⑦、⑧→⑨という論証の結果から⑩という結論を導いています。(b)については同じく、⑥→⑦、⑧→⑨という論証の結果から、⑫⑬を導いています。さらにこれらすべてを受けて、最終的な結論として、マスコミ／教育関係者の論調の存在を根拠に「できない子ども(a)」については⑮、「できる子ども(b)」については⑯⑰という最終的結論を出しています。

［主論証を探す］

これからの解説は、先ほどの鳥瞰図的な捉え方を受けつつ、地面に降りてみます。まずは、一読してこの文章の最終的結論を探します。そうしますと、後ろから五行目に「つまり」とあり、⑭を根拠に最終的結論⑮⑯⑰の三つが導かれています。その結論は直前の⑭から導かれています。「⑭だから⑮、⑯、⑰」という三つの論証です。この⑭は「学校の勉強なんてできなくていいのだ」というキャンペーンです。つまり、この論調は文章の最初にある①、②→③、②→④と同じことを再度引き合いに出した形になっています。なお、最終的結論を導くための論証を**主論証**と言います。

ここで主論証にかかわる論拠を推定しておきましょう（図18）。

注意しておきたいのは、同じ根拠⑭から方向の異なる結論⑮⑯と、⑰を導いているということです。ロンドン市街地の着弾例でお話ししたとおり、同じ根拠に異なる論拠を使うと結論が異なることはすでに検討しています。ここではこのことが起こっているの

図 18

根拠　⑭「学校の勉強なんてできなくていいのだ」というキャンペーンがある。

結論　だから、⑮勉強が不得意な子どもを今まで以上に勉強を嫌いにさせる。

論拠 W1　なぜなら、マスコミの情報を子どもはそのまま受け入れてしまう。

根拠　⑭「学校の勉強なんてできなくていいのだ」というキャンペーンがある。

結論　だから、⑯勉強ができる子どもにも次第に学力の定価をもたらす結果となる。

論拠 W2　なぜなら、マスコミの情報を子どもはそのまま受け入れてしまう。

根拠　⑭「学校の勉強なんてできなくていいのだ」というキャンペーンがある。

結論　だから、⑰できる子どもは「勉強や学歴がすべて」という自分に都合のよい価値観に意固地にしがみつくということにもなりかねない。

論拠 W3　(1) できる子どもは自分の行動がマスコミの情報と自分自身が矛盾していても、いままでの自分を肯定的に支持したい。
(2) できる子は従来の考え方を重視する。

です。

ひとつの論証内で異なる論拠を使うのは議論を支える基本的考え方に一貫性が失われるため、するべきではありません。論拠W3の(1)にはその前提となる、より一般的な仮定として「勉強ができる子どもとできない子どもでは同じキャンペーンから起こす行動の幅が異なる」があります。一方、勉強ができない子どもであってもキャンペーンの内容を無視して、「できない自分のままでいい」という自分に都合のよい価値観にしがみつくこともあってよさそうですが、それは仮定されていません。

先ほど、最終的結論を見つける際に、接続詞「つまり」に注目しました。本来、この接続詞は「つまり」より前に言ったことを分かりやすく表現し直すときに使う換言の接続詞です。しかし、ここでの「つまり」は換言の接続詞ではなく、帰結を導くために使われています。どのような意味で使われているか判断するには、「つまり」より後の内容が、それより前の内容の単なる言い換えなのか、それとも、「つまり」の前の内容に含まれない何か新しいことが導かれているかで判断します。この文章では「つまり」の後で、明らかに、その前の文に含まれない内容を引き出していますので、論理（すなわち論証）が生じていることが分かります。

［副論証を探す］

ここから、この主論証を導くために使われている論証（これを**副論証**と言います）を探ります。まずは、⑭を導いている根拠を探します。先ほどの鳥瞰図にもありましたとおり、この⑭を導くには大きくふたつの異なる副論証の結論が根拠として使われています。つまり、ひとつは「⑤勉強が得意でない子どもやそういう子どもを持つ親、すなわち親子ⓐ」に関する論証、もうひとつは「⑪学校での勉強ができる子どもⓑ」に関する論証です。

⑭を導くために⑩⑫⑬が根拠として使われています。親子ⓐに関する結論は⑩です。それは、⑥→⑦、⑧→⑨という二つの論証を結合したものから導かれています。一方、子どもⓑに関する論証の結論は⑫と⑬です。これらを導くために、親子ⓐの論証と同じく、⑥→⑦、⑧→⑨が使われています。親子ⓐ側と、子どもⓑ側に関する論証の結論は違うのですが、共に、結論⑦と⑨が結合したものが使われています。言葉では分かりにくいのですが、論証図にすると分かりやすくなります。

副論証にかかわる論拠の推定をしておきます（図19）。

図 19

根拠 ①、②→③、②→④（マスコミの論調、論証）

根拠 ⑥自分（または自分の子ども）は暗記に頼るような勉強がなまじできる。

結論 ⑦だから、「創造性が失われる」というような言説を信じる。

論拠W4 勉強のできない子どもや、その親はマスコミのキャンペーンを無批判に受け入れ、それにしたがって行動する。

根拠 ①、②→③、②→④（マスコミの論調、論証）

根拠 ⑥自分（または自分の子ども）は受験に役に立つような勉強ができる。

結論 だから、⑨「人間性が損なわれる」というような言説を信じる。

論拠W5 勉強のできない子どもや、その親はマスコミのキャンペーンを無批判に受け入れ、それにしたがって行動する。

根拠 ⑦「創造性が失われる」というような考え方を信じる。

根拠 ⑨「人間性が損なわれる」というような考え方を信じる。

結論 だから、⑩さらに勉強をさせなくなるという悪循環になってしまう。

論拠W6 勉強をしなければ創造性が失われず、人間性も損なわれない。（勉強のできない子どもをもつ親は子どもに勉強をさせなければ、子どもは創造性をなくすことなく、人間性も損なうことがないと信じている）

根拠 ⑦「創造性が失われる」というような考え方を信じる。

根拠 ⑨「人間性が損なわれる」というような考え方を信じる。

結論 だから、⑫スランプの時期にそういうものを見聞きして「自分は親の指示どおりに生きてきた」と考える。

論拠W7 マスコミの勉強に関する否定的な情報は自分の勉強態度を内省させる。

根拠 ⑦⑨

結論 だから、⑬「自己欺瞞だった」というふうに考える。

論拠W8 マスコミの勉強に関する否定的な情報は正当だった自分の考えを覆す力をもっている。

図 20

根拠　②勉強ばかりしている。

主張　だから、③大学には合格できるようになるかもしれない。

論拠　繰り返して行う行動は結果を強化する。

……

根拠　②暗記に頼る勉強ばかりしている。

主張　④（これからの時代に対応できる）思考力のある人間にはならない。

論拠　繰り返して行う行動の結果は正しいとは限らない。

副論証2の最終段階では、この⑥⑧がどこから導かれたかを調べます。そうすると、①、③④だと分かります。①は単独で出された根拠です。③と④は②から導かれています（図20）。そして、⑥⑧を導く際、①、③④は結合しています。ここでも論拠を推定しておきます。

コラム　パラグラフ構造って何?

日本語で文章を書く場合には「段落」という単位が使われますが、段落というものの明確な定義は見当たりません。ある国語辞典には「長い文章をいくつかのまとまった部分に分けた、その一区切り」と記されているのみです。

一方、英語で書く場合には**パラグラフ**という単位があります。パラグラフとは「互いに関連のある複数の文章が論理的に集まり、ひとつの結論／主張にいたるために展開する論文構成の基本単位」のことですが、段落とは似て非なるものです。

パラグラフを構成する文の種類

パラグラフの構成文は大まかに言って三つあります。「トピック・センテンス（TS）」「サポーティング・センテンス（SS）」「コンクルーディング・センテンス（CS）」と呼ばれる文です。SSには「サポーティング・ポイント（SP）」と「サポーティング・ディテール（SD）」があります。

まず、ＴＳとは、パラグラフの中で一番言いたいこと（トピック）を表現する文で、論証でいう結論／主張に対応するものです。原則としてＴＳはパラグラフの最初に書きます。ＴＳで根拠から飛躍した結論を書くのですから、ＴＳは当該のパラグラフの中で最も抽象度の高い内容の文になります。

次に、ＳＳとは、ＴＳの内容を支持する（サポートする）文で、論証では根拠にあたるものが書かれている文を指します。ＳＳは原則としてＴＳの直後に書きます。ＳＳはＳＰとＳＤから構成されていて、ＳＰ、ＳＤという順番で書かれます。ＳＤには根拠（経験的事実が理想）を書きます。ＳＤはパラグラフの中で最も具体性の高い事実を書きます。さらに、ＳＤが複数ある場合でそれに見出しがつけられる場合にはそれをＳＰとして書きます。したがって、ＳＰの表現の抽象度はＴＳとＳＤの中間になります。

さらに、パラグラフの最後にはコンクルーディング（結論）・センテンス（ＣＳ）という文があります。ＣＳとは、ＴＳと同じ内容を言い換えたものです。パラグラフが長くなるような場合には、結論／主張をそのパラグラフが終了するところで、確認のために再度書くということです。ただし、短いパラグラフではＴＳとＣＳの両方を書く必要はありません。

パラグラフの構成文とその配置

ＴＳ、ＳＳ（ＳＰ、ＳＤ）およびＣＳの配置関係を押さえておきましょう。パラグラフ内の文の抽象度に注意してください。

トピック・センテンス（ＴＳ）

結論／主張部分に相当します。根拠から飛躍した結果を書きますので　パラグラフの中で抽象度が最も高い内容の文です。

サポーティング・ポイント（ＳＰ）

複数のＳＤをまとめて見出しをつけた文です。文の抽象度はパラグラフの中でＴＳとＳＤの中間になります。

サポーティング・ディテール（ＳＤ）

根拠に相当する文で、内容は経験的事実であることが理想的です。パラグラフの中で最も具体性が高い文です。

コンクルーディング・センテンス（CS）

結論／主張部分の意味内容を変えずに、別の表現にして書きます。TSと同じで抽象度が最も高い文です。

パラグラフ構造ではTSで最初に自分が一番言いたいこと、すなわち、結論／主張をまず書くわけです。これは結論／主張を最初に書くことで読者へ一番言いたいことを印象づけるためです。さらに、パラグラフの先頭は一文字下げて書き始めます。したがって、他の文がすべて左端（英語は横書き）から始まるのと比べて、パラグラフの先頭は視覚的、空間的に異なるため読者の注意が向きやすい場所でもあります。この場所を効果的に使わない手はないということです。

次いで、その主張TSの根拠となる文をSSで書きます。主張の直後に根拠を書くことにより、最初に書いたTSがどんな根拠から導かれたのかを読者にすぐに伝えることができます。

［パラグラフ構造で書かれた一例］（構造を示すためにあえて文章をつなげていません）

TS　ロボットによる最新の医療技術は多くの医師を名執刀医にするにちがいない。
SP　第一に、ロボットを導入することで運動能力の向上が可能になるのだ。
SD1　例えば、ロボットは、人間よりも正確に動く手によって、患部の切開を最小限にとどめられる。
SD2　さらに、ロボットは医師が手で行うよりも、より低侵襲な手術ができる。
SP　第二に、執刀医以外のスタッフが手術に深く関与できる。
SD3　例えば、ロボットを使う医師以外のスタッフは、モニターを見ながら手術をサポートできる。
SD4　その上、ロボットを使う医師以外のスタッフは、執刀の一部始終を体験できる。
CS　したがって、ロボットの導入により多くの医師が精密な手術ができるようになること間違いなしだ。

（http://www.tel.co.jp/museum/magazine/medical/121012_topics_02/ を参考に作成）

実践編

議論のトレーニング

1　新聞記事を分析的に読み、書き換えをしてみよう

さていよいよ議論のレッスンも終盤に近づきました。この章ではこれまでにお話ししてきた内容を実践してみましょう。実際に書かれた「議論」を取り上げ、それを読み、「論証」という観点から分析し、分かりやすい文章に書き換えてみましょう。

ここで取り上げる「議論」はジャーナリストが書いた新聞の社説です。議論としてはフォーマルな議論に属するものです。このレベルの議論では、論証における根拠にはある程度の実証性が要求されますし、論拠についても考慮されている必要があります。このことを踏まえた上で分析に取り掛かりましょう。

なお、はじめにお断りしておきますが、ここで取り上げた記事はこの本の目的である「分かりやすい議論の在り方」を考えるための、あくまでも資料にすぎません。ですから、

ここでは記事の中に掲げられている主張に対して、反対意見や異論（いわば私の個人的主張）を展開しようとするものではありません。興味の対象はあくまでも「議論の構造」です。そして、分析結果を受けてこれらの記事の主張内容をより明確にすることが本章の目的です。この点をご了承ください。

社説の内容を、「議論を語る言葉」に置き換えるにあたり、次の議論スキルが満たされているかどうかという観点を重視します。なお、文章構成上、これら以外のスキルに問題がある場合にはそのつど指摘することにします。

［文章の分析チェックリスト］（このチェックリストの議論スキルは54ページのものと基本的には同じです。ここまで学習した内容が追加されています）

議論スキル①　主張は明示されているか？
議論スキル②　主張の根拠は提示されているか？
議論スキル③　根拠は経験的事実か？
③-(1)　根拠が推測の場合、事実を認めるに必要な手続きは想定可能か？
議論スキル④　論拠について言及しているか？

議論スキル⑤　文と文は論理的に結合しているか？
議論スキル⑥　接続詞が適切に使われているか？
議論スキル⑦　パラグラフ構造が意識されているか？
議論スキル⑧　全体を統括する結論／主張はあるか？

「新聞記事が語る言葉」を「議論を語る言葉」で置き換える

以下に引用する社説は、「新出生前診断　妊婦を支える態勢を」と題する記事で、「朝日新聞」二〇一八年二月一九日朝刊の社説に掲載されたものです。文頭にある番号と傍線は私が付けたものです。まずは、一読してください。なお、行替えの位置はオリジナルのままです。

①検査をうけたすべての女性に正確な情報が伝えられ、きめ細かく相談に応じられる態勢を整えていくことが肝要だ。

②日本産科婦人科学会は、13年に始めた新型出生前診断の臨床研究を終える方針を固めた。③その後は、手続きが簡単な一般診療として実施される。

④妊婦の血液を採取し、染色体異常を調べるこの検査には、十分な理解を欠いたまま中絶する人が増え、⑤命の選別につながりかねないといった懸念が、以前からある。⑥そのため、カウンセリング機能を備えた認可施設でのみ行われてきた。⑦いまは全国に89カ所あるが、⑧希望しても検査を受けられない人がおり、⑨学会の指針に従わない無認可施設に流れている。⑩放置してよい問題ではない。

⑪これまで公表されたデータでは、検査で異常が確定した妊婦の9割以上が中絶を選択している。⑫初めに陽性とされながら、詳しく調べたら異常がなかった「偽陽性」も約1割あった。

⑬妊婦に適切に情報が提供され、それをもとに冷静な判断がなされたか。⑭学会はこの間の実態を調べて、検証・公表すべきだ。⑮「臨床研究」と位置づけてきたのだから、⑯社会に対する当然の責務である。

⑰一般診療への移行にあたって、学会は検査を実施する施設の要件を改めて検討する。⑱検査の意義や限界、結果の見方などに加え、⑲染色体異常をもって生まれてきた子どもたちの現状や、⑳社会のサポート体制などを正しく伝え、㉑疑問や不安にこたえられることが必須の条件となる。㉒医師とともにそうした任務の中心を担うカウ

ンセラーの育成も欠かせない。

㉓「障害のある子は不幸だと勝手に決めつけないでほしい」。こんな当事者たちの切実な声も大切にしたい。

㉔検査が無秩序に拡大するのは望ましくない。㉕学会は施設要件を設けるだけでなく、㉖随時報告を求めて状況を把握し、㉗基準を満たした施設をホームページなどを通じて周知するべきだ。

㉘中絶を選択した妊婦の多くは、それぞれ悩んだうえでの決断だろう。㉙周囲が口を差しはさめる問題ではない。

㉚とはいえ、先の９割以上が中絶という現実は、㉚-(1)人々が「いまの社会では障害のある子を安心して育てられない」「家族の負担が大きい」と感じていることを映し出しているといえる。

㉛多様な「生」を認めない窮屈な世の中にしないために、どうしたらいいか。㉜この検査が広がっていく前に、一人ひとりが考えるべき重い課題である。

分析の手順は次のとおりです。分析チェックリストは常に念頭に置き、議論スキルの観点から批判的に読みます。なお、細かな問題はそれに適した対処法をそのつどお話しします。

1. どれが主張か確認する。全体の最終的結論を見つける。
2. 問題点を大まかに把握しておく。
3. 文章に接続詞を入れながら読み直し、論証している個所を特定する。論証を分かりやすくするために文を修正する。
4. 複数の論証間の関係を論証図で表現する。
5. 論拠を推定する。
6. パラグラフ構造で全体を書き直してみる。

1-(a) どれが主張か確認する

ざっと目を通しますと、文①から文⑯までが前半部分です。ここでは新型出生前診断の現状問題の把握とその問題解決に向けての方針を主張しています。前半部分の結論/主張は文①です。そして、文⑰から文㉚までが後半です。ここでは同診断の一般化に向けてのリスクマネージメントを提示し、一般化の実現に必要な手続きについて述べています。文㉛を除き、後半部分でもっとも抽象度の高い表現は文㉔です。そこで後半の結論／主張は文㉔になります。最後に、文㉛と文㉜は全体の最終的結論となっています。

1－(b)　全体の最終的結論を見つける

最終的結論は文㉛です。この最終的結論を見つけるには、文①から文㉜までで最も抽象的な表現がどれかを探すことです。そうしますと、文章の両端にある文①と、文㉛＋文㉜の抽象度が他の文に比べて高いのが分かります。なお、文㉛と文㉜はセットで一つのことを言っていますので、まとめて、文㉛としておきます。さらに、文①と文㉛を比較してみます。そうしますと、文①は「正確な情報の伝達、きめ細かい相談への対応」についての話で、それに対して、文㉛は「多様な『生』を認めない窮屈な世の中にしないために」という話です。後者の方がより抽象度が高いので、文㉛がこの文章の最終的な結論であることが分かります。残りの文はすべてこの文㉛を支えるために用意されているという観点で他を読みます。

2　問題点を大まかに把握しておく

［瞬時に分かる問題点］

・パラグラフ構造で書かれていません。文章全体が、二、三行おきに行替えされています。ですから、仮にその数行で論証されていたとしても、根拠の数が少ないことが示唆されます。すなわち、論証として弱い可能性が内容を見なくても推測できるのです。なぜなら、根拠としての事実が豊富にあった方がその分だけ主張を支える力が増すからです。

・文章全体で「そのため」「……だから」という、たったのふたつの接続詞（ひとつは接続助詞）しか使われていません。そのため、文と文、または、「改行単位でくくられている数行のまとまり」同士の論理的関係が不明です。接続詞を使い、文と文の間の関係を論理的に整える必要があります。社説のように、主張を明確にしなくてはならない文章は、論証をベースに論理的に書くのが原則です。

［分析結果として見えてくる問題点］

・論証には関係のない文が含まれています。これは論証が意識されていないためです。それは社説の趣旨を追いかけるときに邪魔になります。また、パラグラフ構造が念頭にないため、主張、根拠の配置が思いつきで決められています。

- 論拠はまったく書かれていません。

3　文章に接続詞を入れながら読み直し、論証している個所を特定する。論証を分かりやすくするために文を修正する（（　）は私の追加です）

①検査をうけたすべての女性に正確な情報が伝えられ、きめ細かく相談に応じられる態勢を整えていくことが肝要だ（前半の結論／主張）。

文①は文章前半の結論です。結論が何であるかは明確に書かなくてはなりません。「検査をうけた……」から始めたのでは、何の検査かまったく分かりません。この検査が何であるかはこの後の文②を読むまで分かりません。それも文脈上、分かるということです。「読めばそれくらい分かるでしょ」といったスタンスであり、論理からは最もかけ離れた書き方です。ここは「新型出生前診断の検査をうけた……」としなくてはなりません。

②日本産科婦人科学会は、13年に始めた新型出生前診断の臨床研究を終える方針を固めた。③その後は、手続きが簡単な一般診療として実施される。

文②③は事実を並べただけで、全体の論証に関係がない文です。隣り合わせの文と文は何らかの論理的関係があるはずです。特に論証をしていく場合には論理的関係がなくてはなりません。たったの二行で改行されているので、この二行をパラグラフとは呼べませんが、仮にパラグラフであるとすると、今度はパラグラフ間に論理的関係が必要になります。ところが、①と②はリンクしません。すでに、①と②は分断されており、隣り合わせに書く理由がないことになるのです。

④妊婦の血液を採取し、染色体異常を調べるこの検査には（検査については）、十分な理解を欠いたまま（検査結果を判断してしまうことで）中絶する人が増え（るのではないか）、（さらに）⑤命の選別につながりかねないといった懸念が、以前からある。⑥そのため、カウンセリング機能を備えた認可施設でのみ行われてきた。

文③と文④は論理的つながりがありません。さらに、文④、文⑤は妙な日本語です。言いたいことを分かりやすくするには（　）内の表現に変更するか、追加する必要があります。文⑤は文④と順接の関係にあり、文⑤が文④に内容的に追加されています。そこで、文④と文⑤の間に「さらに」という接続詞を入れることで二つの文の論理的関係が分かりやすくなります。

論証図では左のようになります（論証図5）。復習しましょう。論証図の中の↓は導出を示します。「①だから、②」という論証のときに①↓②と書きます。また、上記の論証図のように二つまたはそれ以上の根拠が一体となって根拠グループを作る場合には、文番号の下に線を引いて、そこから↓を書きます。矢印は論証が起きていることを示すので、そこには必ず論拠が必要となります。論証図を描きながら、論拠を推定してきます。論拠はW（Warrant）で示します。

論証図 5

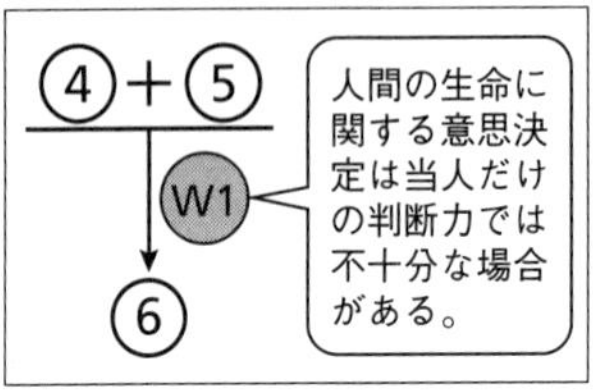
④＋⑤
W1
⑥
人間の生命に関する意思決定は当人だけの判断力では不十分な場合がある。

⑦いまは全国に89カ所あるが、⑧希望しても検査を受けられない人がおり、⑨学会の指針に従わない無認可施設に流れ

ている。⑩放置してよい問題ではない。

ここの論証図は左のようになります（論証図6）。文⑥と文⑦は論理的に結合していません。

論証図6

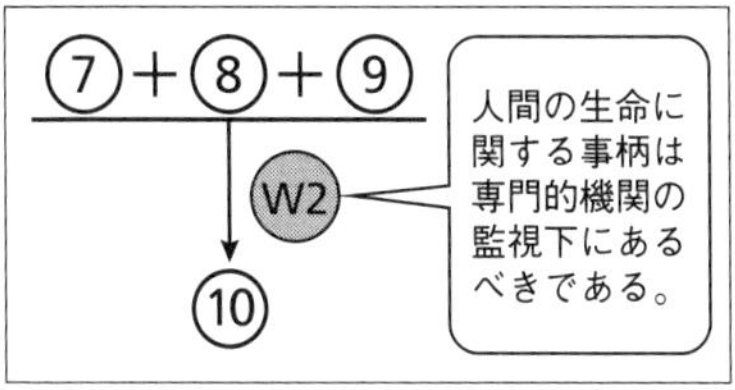
⑦＋⑧＋⑨
W2
⑩
人間の生命に関する事柄は専門的機関の監視下にあるべきである。

⑪これまで公表されたデータでは、検査で異常が確定した妊婦の9割以上が中絶を選択している。⑫初めに陽性とされながら、詳しく調べたら異常がなかった「偽陽性」も約1割あった。

⑬妊婦に適切に情報が提供され、それをもとに冷静な判断がなされたか（が疑われる）。（だから）⑭学会はこの間の実態を調べて、検証・公表すべきだ。⑮（なぜなら）「臨床研究」と位置づけてきたのだから（きたのだし）、⑯社会に対する当然の責務である（からだ）。

文⑪と文⑫はひとまとまりとして書かれています。このふたつの文はこのままではどこことも関係が見出せません。おそらく、この社説を書いた人は文⑪と文⑫から文⑬を、さらに文⑭を導きたかったのではないでしょうか？

そう推察されるのは、文⑬は疑問形で終わってはいるものの、文⑬の意図は「冷静な判断がなされていたかどうかは疑わしい」と読めるからです。そう読むと、文⑪、文⑫を根拠に文⑬が導かれていると推測されます。そして、文⑬は続けて、文⑭を導いています。さらに、文⑮から文⑯が、ついで文⑯が文⑭を導く形になっています。ここの論証図は次ページ上段のとおりです（論証図7）。

社説の前半部分である文①から文⑯までの論証をつなげると、次ページ下段のような論証図になります（論証図8）。なお、文②、文③は論証とは直接関係がないため除外してあります。

この複雑な論証図を見ても分かるとおり、この社説は分かりにくい論証を読者に読ませています。ちなみに、分かりやすい文章はその論証構造もシンプルです。

ここから社説の後半です。

論証図 7

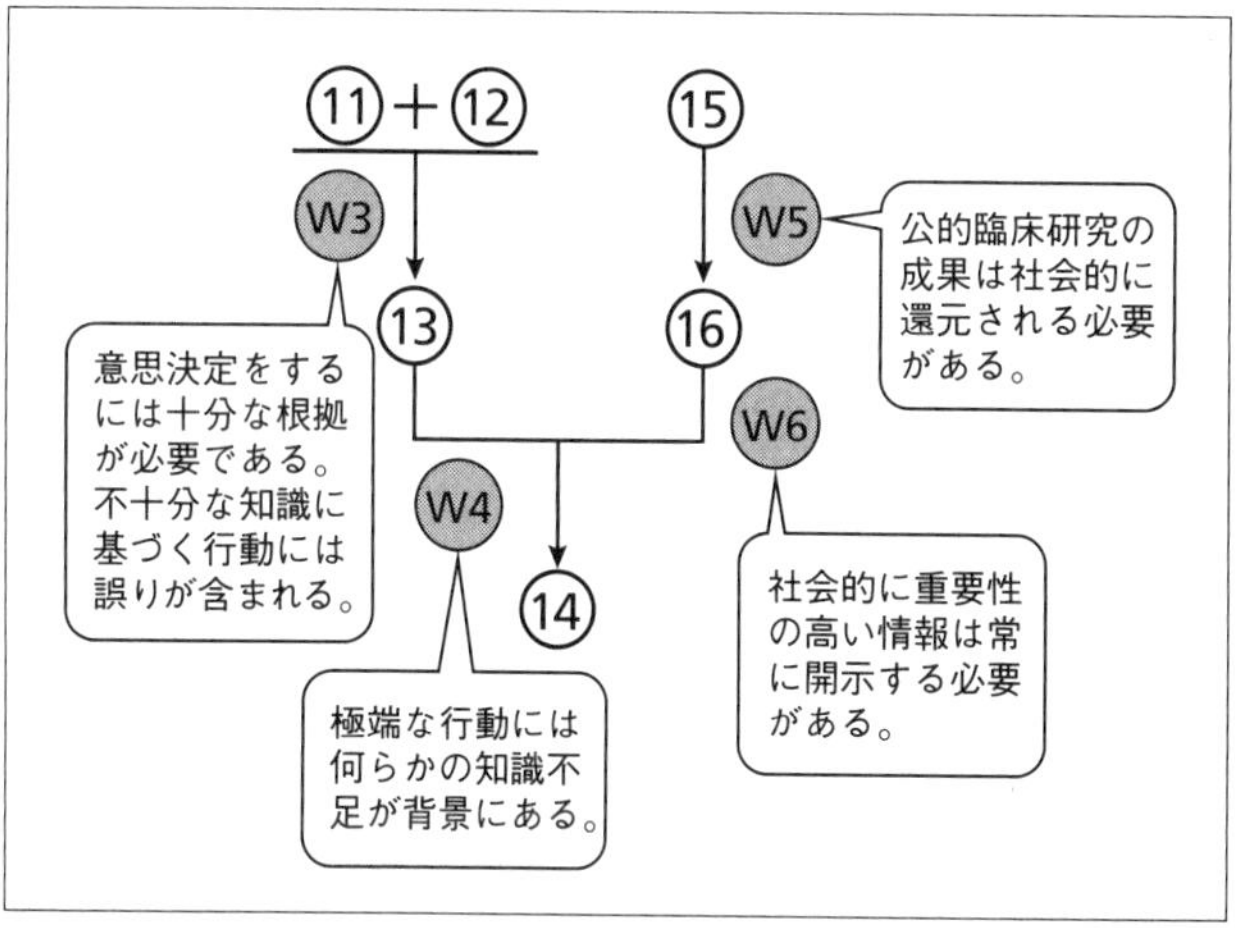
⑪＋⑫
⑮
W3
W5
公的臨床研究の成果は社会的に還元される必要がある。
⑬
⑯
意思決定をするには十分な根拠が必要である。不十分な知識に基づく行動には誤りが含まれる。
W6
W4
⑭
社会的に重要性の高い情報は常に開示する必要がある。
極端な行動には何らかの知識不足が背景にある。

論証図 8

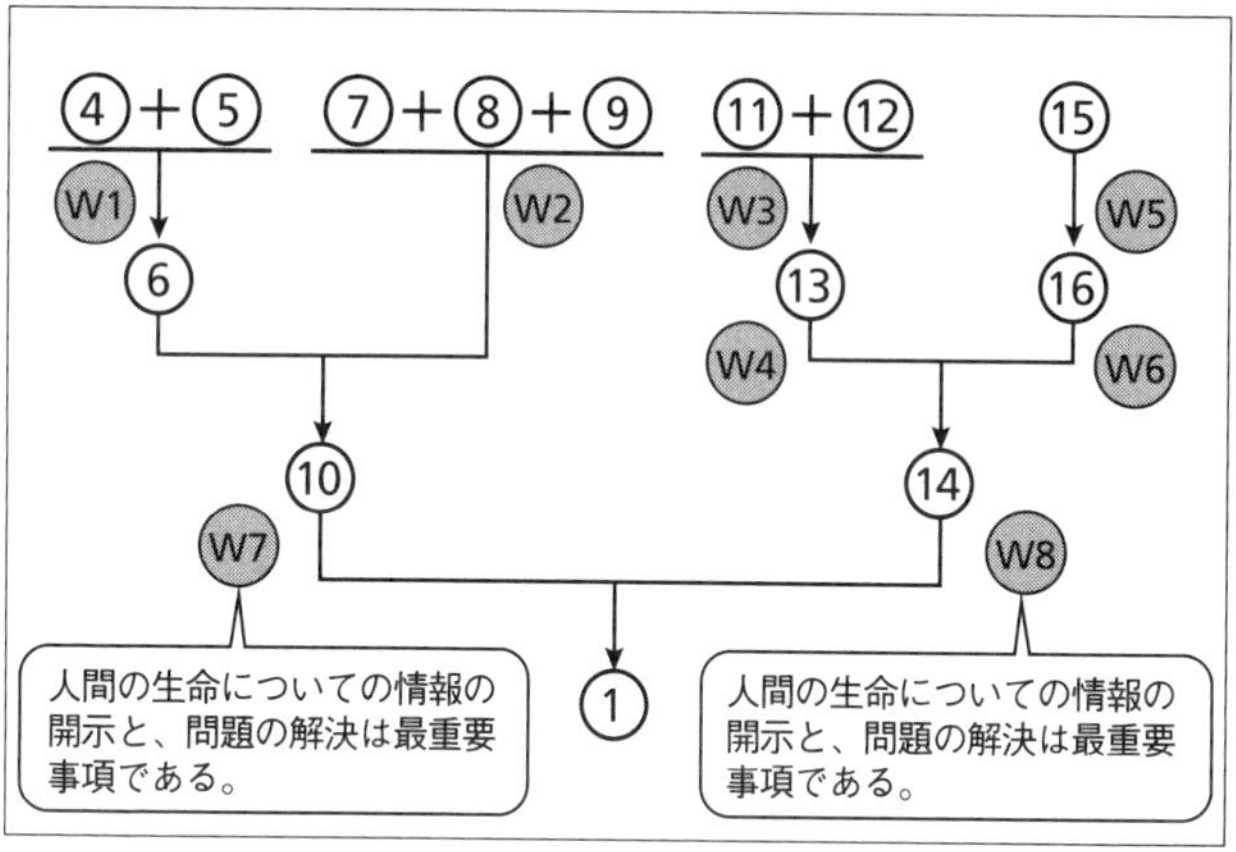
④＋⑤
⑦＋⑧＋⑨
⑪＋⑫
⑮
W1
W2
W3
W5
⑥
⑬
⑯
W4
W6
⑩
⑭
W7
W8
人間の生命についての情報の開示と、問題の解決は最重要事項である。
①
人間の生命についての情報の開示と、問題の解決は最重要事項である。

⑰一般診療への移行にあたって、学会は検査を実施する施設の要件を改めて検討する。（要件に含まれる事項としては次の点が挙げられる。たとえば）⑱検査の意義や限界、結果の見方などに加え、⑲染色体異常をもって生まれてきた子どもたちの現状や、⑳社会のサポート体制などを正しく伝え、㉑疑問や不安にこたえられることが必須の条件となる。㉒医師とともにそうした任務の中心を担うカウンセラーの育成も欠かせない（⑰の検討事項に⑱から㉒が含まれる）。

㉓「障害のある子は不幸だと勝手に決めつけないでほしい」。こんな当事者たちの切実な声も大切にしたい。

文⑱から文㉓までは文⑰、すなわち、学会が実施する施設の要件の具体的な例になっています。それを明示するには、（　）内にあるような文を追加すると分かりやすくなります。㉓は二つの文にせず、「障害のある子は不幸だと勝手に決めつけないでほしい」という当事者たちの切実な声も大切にしたい、とする方がいいでしょう。そうすることで論証の一部に含めやすくなるのです。この時点では、文⑱から文㉓までが他の文とどのような論理関係にあるか分かりません。

㉔検査が無秩序に拡大するのは望ましくない。（だから、）㉕学会は施設要件を設けるだけでなく、㉖随時報告を求めて状況を把握し、㉗基準を満たした施設をホームページなどを通じて周知するべきだ。

文㉔から文㉗は悩ましい。論証を見ると、文㉔が根拠で、㉕から㉗まではすべて主張になっています。ところが、内容を見ると、この三行のまとまりの中では文㉔の内容の抽象度が一番高い。すなわち、「抽象的内容。だから、具体的内容」というまずいパターンの論証になっているのです。

これは教育学者と国文学者のやりとりにおける抽象・具体の時にもお話ししました。ですから、本来なら文㉔が結論／主張になるはずです。ここでは、話は抽象からはじまり、それを解説するためにより具体的内容を示すという基本が守られていないのです。そこで、論証を整えるために大幅な修正をします。文番号はそのままにします。修正後は次のようになります。

論証図 9

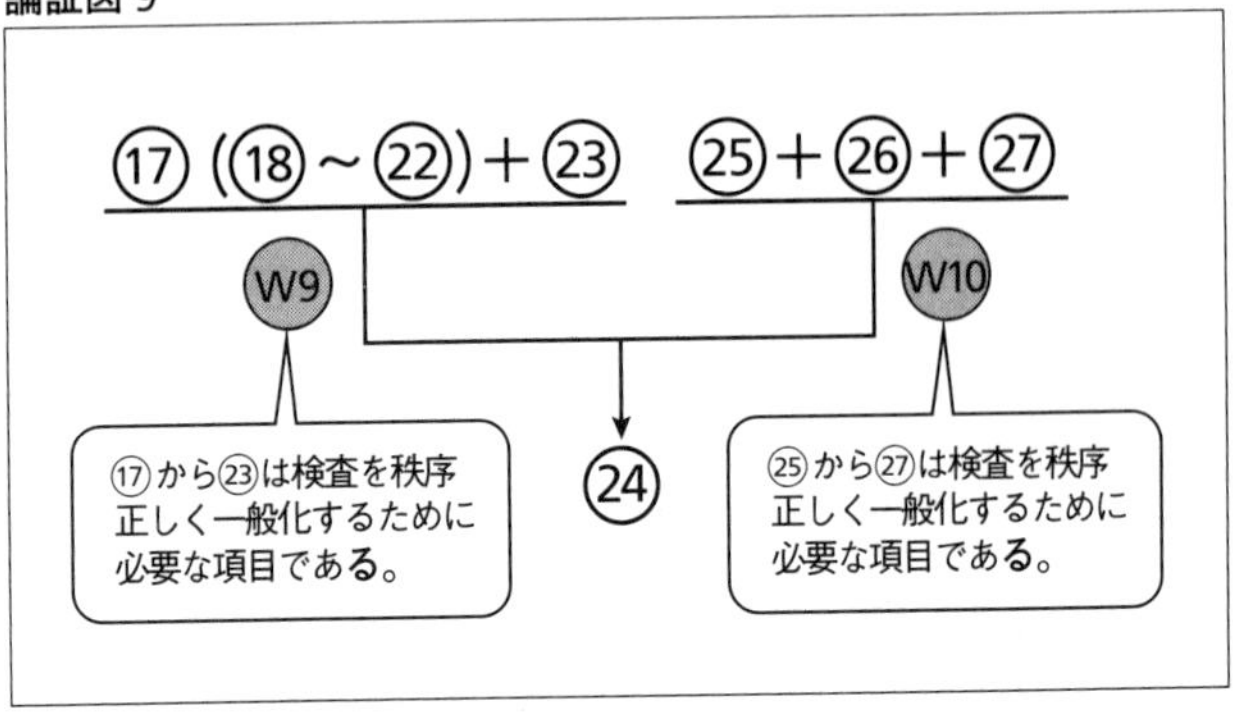

［修正後の論証］

㉕学会は施設要件を設けるだけでなく、㉖随時報告を求めて状況を把握し、㉗基準を満たした施設をホームページなどを通じて周知する必要がある。㉔だから、これによって検査を秩序正しく拡大するべきだ。

このように修正を加えると、より抽象度の高い文㉔の結論を導くための根拠として、より具体的な文⑰から文㉗までが使えます。ただし、文⑰から文㉓までが一組、文㉕から文㉗までが一組となります。ここを論証図にします（論証図9）。㉓と㉔はこれまたリンクしていません。

㉘中絶を選択した妊婦の多くは、それぞれ悩

んだうえでの決断だろう。（だから）㉙周囲が口を差しはさめる問題ではない（主張）。

文㉘、文㉙は論証とは直接関係がありません。形の上では、「だから」を使うと論証にはなります。しかし、㉘は推測が根拠に使われています。これ以外の論証では事実ないしはそれに準ずるものが根拠に使われているのですが、ここだけ突然、私見が書かれています。根拠に使われる内容が事実なのか、考えなのか、さらに考えが推測なのか、意見なのかの区別が意識されていないようです（113ページの図8参照）。ですから、㉗と㉘もつながるはずはありません。

㉚とはいえ、先の9割以上が中絶という現実は（現実がある。根拠）、（だから）㉚－⑴人々が「いまの社会では障害のある子を安心して育てられない」「家族の負担が大きい」と感じていることを映し出しているといえる（主張）。㉛多様な「生」を認めない窮屈な世の中にしないために、どうしたらいいか。㉜この検査が広がっていく前に、一人ひとりが考えるべき重い課題である（主張）。（㉛多様な「生」を認めない窮屈な世の中にしないために、どうしたらいいかは、この検査が広がっ

ていく前に、一人ひとりが考えるべき重い課題である。最終的結論／主張）

ここは文㉚が、文㉚–(1)を導いています。それが、最終的結論である文㉛を導く格好になっています。後半部分の論証図と前半を合わせて、全体を論証図にしてみます（論証図10）。

社説は新聞社の主張に他なりません。ですから、論証をする必要があります。そのためには、社説を書き始める前にいくつの主張（すなわち、いくつの論証）があり、その主張間の関係（すなわち、論証間の関係）をどのように構成するかを決めておく必要があります。この社説がおおよそ言いたいことはわからないでもありません。しかし、社説の論証図を見る限り、事前の準備ができないまま、書き始めてしまい、推敲の時間もあまりとられていなかったのではないでしょうか。もう少し、言葉と言葉、文と文、論証と論証間の関係に敏感になっていただきたいものです。

パラグラフで書き換える

社説の問題点を指摘しました。ここで問題点を修正しながら、論証単位で文章全体を書

論証図 10

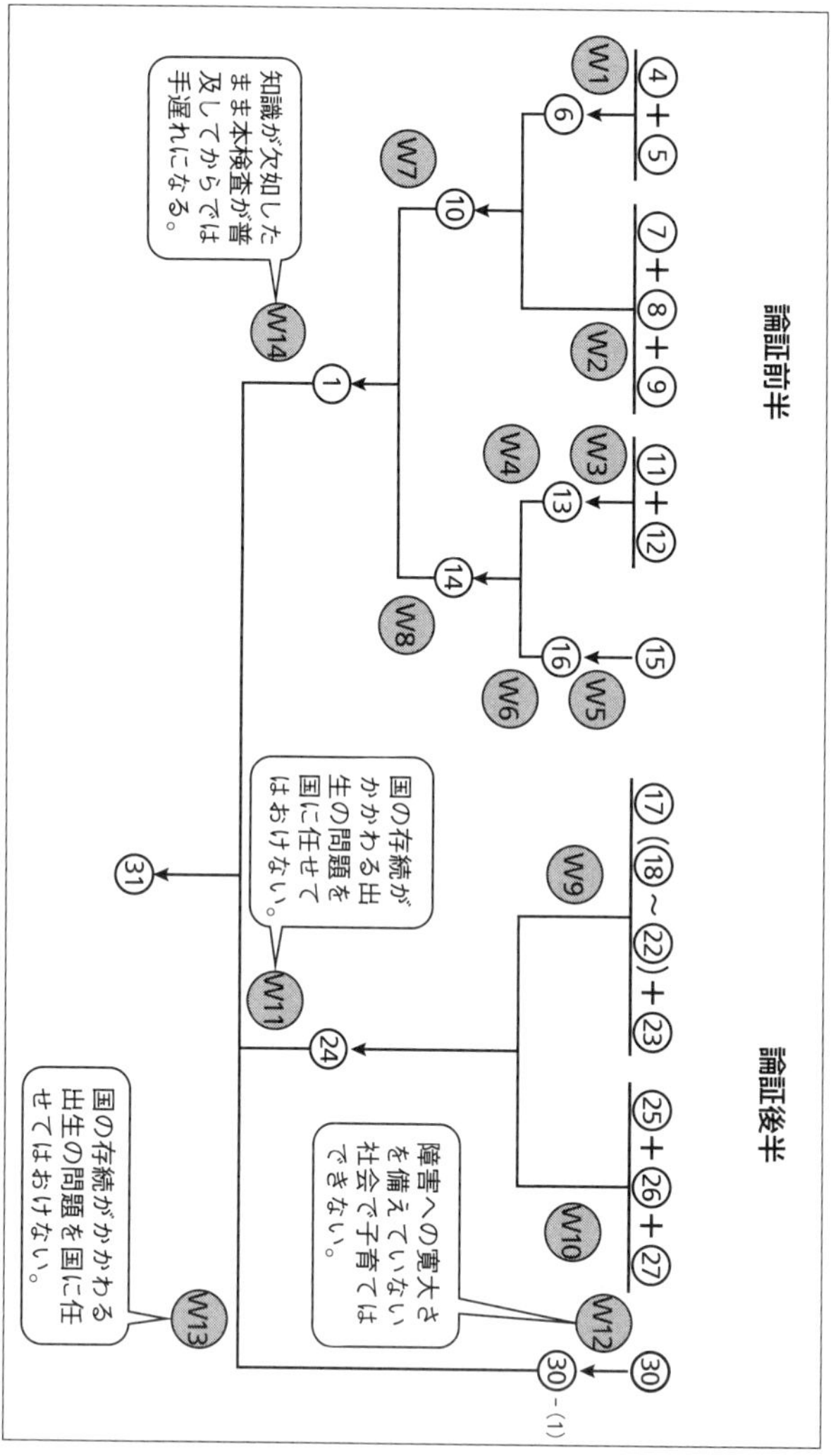
論証前半
論証後半
知識が欠如したまま本検査が普及してからでは手遅れになる。
国の存続がかかわる出生の問題を国に任せてはおけない。
障害への寛大さを備えていない社会で子育てはできない。
国の存続がかかわる出生の問題を国に任せてはおけない。

き直していきますが、その際、コラムで解説したパラグラフ構造を使います。ただし、この社説は論証をベースに議論が展開されていないので、パラグラフ構造に必要な要素がすべて揃っているわけではありません。ですから、この社説を整ったパラグラフで表現するには限界があることを前提とします。

［書き換え1　前半のパラグラフ］

①新型出生前診断検査をうけたすべての女性に正確な情報が伝えられ、きめ細かく相談に応じられる態勢を整えていくことが肝要だ。こう結論づけるのは次に示す、このまま⑩放置しておけない設備と受診者の問題があるからだ。例えば、⑥従来、新型出生前診断検査はカウンセリング機能を備えた認可施設でのみ行われてきた。なぜなら、④妊婦の血液を採取し、染色体異常を調べるこの検査については、十分な理解を欠いたまま検査結果を判断してしまうことで中絶する人が増えるのではないか、さらに、⑤命の選別につながりかねないといった懸念が以前からあるからだ。その上、⑦いま現在全国に新型出生前診断検査が可能な場所が89カ所あるにもかかわらず、⑧希望しても検査を受けられない人がいる。しかも、⑨これらの人たちは学会の指針に従

わない無認可施設に流れている。したがって、①新型出生前診断検査をうけた女性に対する正確な情報提供と相談の機会が準備されている必要がある。

⑭学会はこの間の実態を調べて、検証・公表すべきだ。なぜなら、そうするべき根拠が3点ある。第一に、⑮新型出生前診断検査を「臨床研究」と位置づけてきたし、第二に、⑯社会に対する当然の責務であるからだ。そして、第三に、⑬妊婦に適切に情報が提供され、それをもとに冷静な判断がなされたかが不明であるからだ。例えば、⑪これまで公表されたデータでは、検査で異常が確定した妊婦の9割以上が中絶を選択している。さらに、⑫初めに陽性とされながら、詳しく調べたら異常がなかった「偽陽性」も約1割あったのである。だから、学会は現状を把握し、精査して結果を公にしなくてはならない。

［書き換え1　後半のパラグラフ］

㉔新型出生前診断検査は秩序正しく拡大していくべきである。そのためには、㉕学会は施設要件を設けるだけでなく、㉖随時報告を求めて状況を把握し、㉗基準を満たした施設をホームページなどを通じて周知する必要がある。一方、⑰一般診療への移

行にあたって、学会は検査を実施する施設の要件を改めて検討する。その要件に含まれる事項としては次の点が挙げられる。例えば、⑱検査の意義や限界、結果の見方などに加え、⑲染色体異常をもって生まれてきた子どもたちの現状や、⑳社会のサポート体制などを正しく伝え、㉑疑問や不安にこたえられることが必須の条件となる。その上、㉒医師とともにそうした任務の中心を担うカウンセラーの育成も欠かせない。㉓さらに「障害のある子は不幸だと勝手に決めつけないでほしい」という当事者たちの切実な声も大切にしたい。

㉛多様な「生」を認めない窮屈な世の中にしないために、どうしたらいいかは、この検査が広がっていく前に、一人ひとりが考えるべき重い課題である。

なぜなら、㉚-(1)人々が「いまの社会では障害のある子を安心して育てられない」「家族の負担が大きい」と感じていることを示唆する現象が見られるからである。例えば、㉚これまで公表されたデータでは、検査で異常が確定した妊婦の9割以上が中絶を選択しているのだ。

最終的書き換え

書き換え1を使って、前半と後半のパラグラフを合体させます。そのとき、社説全体で最も抽象的な結論／主張（文㉛）を最初のパラグラフにします。すなわち、ここでも抽象から具象への流れを重視します。したがって、元の社説にあった文章構造（文のかたまりが現れる順番と場所）とは異なるものになります。

パラグラフに関する記号は次のような意味で使います。IP（序論パラグラフ）、CP（結論パラグラフ）、P（パラグラフ）、TS（トピック・センテンス）、SP（サポーティング・ポイント）、SD（サポーティング・ディテール）、CS（コンクルーディング・センテンス）、P間の移行の合図（一つのPと次のPの間を論理的に結合するために、私が新たに追加した文のこと）。

［最終的書き換え例］（傍線部は結論／主張）

IP・TS㉛多様な「生」を認めない窮屈な世の中にしないために、どうしたらいいかは、新型出生前診断検査が広がっていく前に、一人ひとりが考えるべき重い課題である。なぜなら、SP㉚-(1)人々が「いまの社会では障害のある子を安心して育てられない」「家族の負担が大きい」と感じていることを示唆する現象が見られるからである。例えば、SD1㉚これまで公表されたデータでは、新型出生前診断検査で異常が確定した妊婦の9割以上が中絶を選択しているのだ。

P2（P間の移行の合図）本検査の結果によって中絶が行われる比率が高いという統計結果からも、女性に対するケアが必要であるといえる。TS①本検査をうけたすべての女性に正確な情報が伝えられ、きめ細かく相談に応じられる態勢を整えていくことが肝要だ。SPこう結論づけるのは次に示す、このまま⑩放置しておけない設備と受診者の問題があるからだ。例えば、SD1⑥従来、新型出生前診断検査はカウンセリング機能を備えた認可施設でのみ行われてきた。なぜなら、SD2④妊婦の血液を採取し、染色体異常を調べるこの検査については、十分な理解を欠いたまま検査結果を判断してしまうことで中絶する人が増えるのではないか、さらに、SD3⑤命の選別につながりかねないといった懸念が以前からあるからだ。その上、SD4⑦いま現在全国に新型出生前診断検査が可能な場所が89カ所あるにもかかわらず、SD5⑧希望しても検査をうけられない人がいる。しかも、SD6⑨これらの人たちは学会の指針に従わない無認可施設に流れている。CSしたがって、①新型出生前診断検査をうけた女性に対する正確な情報提供と相談の機会が準備されている必要がある。

P3（移行の合図）本検査をうけた女性へのケアの必要性が叫ばれる背景にはまだ

現状把握が行き届いていないということがある。TS⑭学会はこの間の実態を調べて、検証・公表すべきだ。なぜなら、そうするべき根拠が3点ある。SD1第一に、⑮新型出生前診断検査を「臨床研究」と位置づけてきたし、SD2第二に、⑯社会に対する当然の責務であるからだ。そして、第三に、SD3⑬妊婦に適切に情報が提供され、それをもとに冷静な判断がなされたかが不明であるからだ。さらに、SD5⑫初めに陽性とされながら、詳しく調べたら異常がなかった「偽陽性」も約1割あったのである。だから、CS学会は現状を把握し、精査して結果を公にしなくてはならない。

P4（移行の合図）学会は単に現状を把握して公表する以上に注意するべきことがある。すなわち、TS㉔新型出生前診断検査を普及していく際の正しい秩序である。SPそのためには、情報公開をし続けることだ。例えば、SD1㉕学会は施設要件を設けるだけでなく、SD2㉖随時報告を求めて状況を把握し、SD3㉗基準を満たした施設をホームページなどを通じて周知する必要がある。一方、SP⑰一般診療への移行にあたって、学会は検査を実施する施設の要件を改めて検討する。その要件に含まれる事項としては次の点が挙げられる。例えば、SD1⑱検査の意義や限界、結果の見方などに加え、SD2⑲染色体異常をもって生まれてきた子どもたちの現状や、S

D3⑳社会のサポート体制などを正しく伝え、SD㉑疑問や不安にこたえられることが必須の条件となる。その上、SD4㉒医師とともにそうした任務の中心を担うカウンセラーの育成も欠かせない。SD5㉓さらに「障害のある子は不幸だと勝手に決めつけないでほしい」という当事者たちの切実な声も大切にしたい。

CP・TS振り返っておく。㉛多様な「生」を許容できる社会にするにはどうしたらいいのかは各自が考えるべき重要な課題である。そして、それは新型出生前診断検査が広がってしまってからでは遅いのである。

2 新聞記事を分析することの効用

私は学部学生を対象に議論モデルに関する一連の講義・演習をしたあと、学生に新聞の社説、論説などを分析させています。ある程度のトレーニングがあれば、それなりに分析ができるのを知ると、学生は一様に驚きます。

それにはふたつの驚きが含まれています。ひとつは議論モデルを背景にものを分析するといろいろなことが見えてくることに関する驚きで、もうひとつは新聞の社説などが比較的簡単に分析対象になってしまうことです。それまで学生は、新聞の社説レベルの記事というのは自分たちが目指すべきゴールでこそあれ、まさか自分が分析・批判できる対象などとは夢にも思っていないからです。

人間の書くものは完全ではありません。どんな超一流のジャーナリストが書いた記事でも批判の余地はいくらでもあります。また、一流であればあるほど（何をもってして一流であるかの定義は控えますが）、記事内容に関して議論を許容する構造を持たせているはずです。すなわち、議論に必要な要因（根拠・主張・論拠）はすべて開示しているはずです。不用意なジャーナリストは必要な要因を用意しないまま「議論もどき」をしてしまうのです。それでは批判の対象にすらなりえません。

最後にもうひとつ。社説にはその著者名が書かれていないのが普通のようです。この場合、社説とはある新聞社のある特定の人物の意見、主張ということではないようです。社全体の意見ということでさまざまな人の意見、主張、書き方のスタイルなどが混在している可能性はあります。しかし社説であればこそ、その先にある特定の説明責任者を用意して書くべきものと思います。ジャーナリストのみなさん、どう思われますか？

終章　議論のすみわけ提案

1　議論をすべきかどうか

議論のレッスンも終わりに近づいてきたところで、読者のみなさんにひとつ、ご注意いただきたいことを申し上げます。それは、「議論スキルは諸刃の剣でもある」ということです。スキルがたまたまあったがゆえに、むやみやたらに議論の必要ない場面で試し斬りをし、自分が大ケガをすることもあるかもしれません。ですから、「議論すべきかどうか」がまずは先決問題でしょう。

「そもそも議論などしない」という選択は当然あります。ですから、議論をしないで事が済めば、そして後にも問題を残さないのであれば、それに越したことはありません。また「議論をうまく回避する」という方法もあります。議論回避に近いものとしては、日本人の得意とする腹芸的アプローチや以心伝心法もあるでしょう。

議論をしないほうの例としては、会社の会議などで一番偉い人は居眠りをしていたりするものです。それでいながら、会議の最終的な場面になると目を覚まし、テーブルなどをこぶしでたたいたりして、ひとこと、「わが社は◯◯社と提携する」などと叫ぶと、それがその場の空気に支えられて会議の結論になってしまうことも多々あります。

しかし、議論がないのに真偽が何となく決定されることが非常に危険な事態を引き起こすこともあるのです。そこで本書では、議論のレベルを場面によって使い分けることを提案します。

2 議論のレベル

本書は議論にまつわる処世術についてのものではありません。したがって、議論をどの場面でするか、または、しないかはその場の状況判断を含め、読者のみなさんの自由裁量で決まるのは当然のことです。しかし、いったん「議論をする」と決定した場合、どんな議論をするかの選択肢を持っているといないとでは、話がだいぶ異なります。そこで、議論を三段階に分けて、この三つの選択肢からTPOに合わせて議論のレベルを決めることを提案します。

議論において「どれくらい論拠の内容を明示する必要があるかの程度」により、議論を大まかに三つに分けることが可能です。まず、第一のレベルの議論（議論レベル1）は、「論拠を明示しないでも問題にならないような日常の議論」とします。第二のレベルの議論（議論レベル2）を「必要に応じて論拠内容を確認することが前提となるような議論」とします。さらに第三のレベルの議論（議論レベル3）として、「はじめから論拠の内容が明示されていないと開始できないような議論」とします。「論拠」を軸にして、一方の極に「日常の議論」があり、他方の極に「科学的議論」がある、と言ってもいいでしょう。

議論レベル1＝日常の議論

レベル1の議論は、論拠を提示する必要がない議論であり、これは日常の議論であると言いました。日常の議論（というか会話）では、論拠の提示はむしろ邪魔になり、スムーズなコミュニケーションの妨げになってしまいます。

たとえば、「今日のお昼はカレーにしようよ」「どうして？」「だって、昨日はラーメンだったじゃない」という会話をしているときに、「お昼をカレーにしよう、というのは君の主張だよね。そして根拠は昨日のお昼はラーメンだったということだね。それじゃ、聞くけれど、どんな論拠があって、今日はカレーだという主張が出てくるんだい。それがはっきりしないうちに、諸手をあげてカレーに賛成するわけにはいかないな」などと真顔で言う人と、誰が一緒にお昼を食べたいと思うでしょうか? 友達をなくすのが関の山です。

意識的にそうしているというわけではないのですが、私たちの日常のやりとりには「論拠」が登場しません。故意に伏せられているわけでもありません。論拠を出さなくてもやりとりになんら支障はないのです。すなわち、論拠を出さなくても支障のないものを日常の議論、やりとりと呼んでもいいでしょう。

議論レベル2＝公の場での議論

次に、私が議論レベル2と言っている議論について考えてみます。このレベルの議論も「主張」と「根拠」からなる点は議論レベル1と同じです。一方、議論レベル2では、相手から根拠の実証性および、論拠に関して聞かれたとき、すぐに返答ができるように準備されているべきです。つまり、このレベルでは、根拠および、「隠れた根拠」としての論拠の中身を明示する必要があります。このレベルにはどんな議論が含まれるでしょうか？

このレベルの議論には次のようなものが含まれます。それは会社内での会議、取引先との会議やプレゼンテーションをはじめとし、ジャーナリストが書く記事、報道関係者が報道する内容、国会議員の質疑応答などです。教育現場での議論（教師と学生のやりとり等）もここに含まれるでしょう。

特に、マスコミに携わる人や国会議員などは、公のコミュニケーション媒体（テレビ、ラジオ、新聞など）を使用して議論しているのですから、その議論に参加していない人（視聴者、読者）に対して議論の中身を明示する義務があると思います。

たとえば、ジャーナリストには権力の監視人としての役割を果たしてもらう必要がありますから、政府に対して政策上の問題点をクリアに指摘し、将来にわたるリスクマネージメントができているかどうかなどについて政府から曖昧でない返答を引き出す議論をしてもらわなければなりません。このような議論には、議論レベル2を選択するべきです。

また、政治家が公の場面で発言する場合は、その人の個人的見解というよりは、その人をよしとして投票した国民の意見を述べているはずです。ですから、思いつきの発言などしてもらっては困ります。いや、思いつきからはじめるのはよいのですが、それを論理的に整理する必要があります。たとえば、政府の決定に基づいて何かのアクションがとられる場合（たとえば、消費税率を上げるなど）、それは国民に直接影響を及ぼします。したがって、公共性の高い議論ほど、国民ひとりひとりとの関係が深い議論であると言ってもいいかもしれません。つまり、政治家の議論は国民にとって分かりやすい、明確なものである必要があるのです。まあまあ、やあやあ、しゃんしゃんで決定するような議論をしてはいけないのです。だから、主張と根拠はもちろんのこと、両者をつなぐ重要な論拠についても考えておく必要があります。この場合、論拠とは政治理念であり、国の将来に関するヴィジョンに他なりません。

議論レベル3＝科学的議論

日常の議論の対極にある議論が「科学的議論」であると言いました。本書では、科学における議論は扱っていません。ここでは、議論における論拠（科学ではこの部分を「理論」と呼んでいます）をはじめに提示する必要があるような議論、しかも論拠の内容に関する議論が中心となるようなものを「科学的議論」としておきます。このレベルの議論は実証を重視するタイプの科学的議論と言うこともできます。科学では理論体系が変化すれば、それまでは意味を持っていた根拠なり経験的事実が意味を失う場合もあります。言い換えるなら、どのような理論で世界を眺めるかが最重視される世界でもあります。そのような世界での議論では論拠部分、つまり理論の中身が明示されないと何もはじまりません。科学者、研究者をはじめとし、大学院生、学部学生もときに応じて第3のレベルの議論をする必要があります。

3　議論レベルのシフト・アップ

さて、私はこの章のはじめに「いったん『議論をする』と決定した場合、どんな議論をするかの選択肢を持っているといないとでは、話がだいぶ異なる」と言いました。どのように違うのかを示すことにします。特にここでは議論レベル1と議論レベル2に関してお話しします。

一般の話し合い、やりとり（議論レベル1）では、主張、根拠の組み合わせについてさほど強く意識しません。意識する必要もないのです。それは議論（？）の末、何か重要なことが決定され、それによって国民が影響を受けるようなことがないからです。まして、論拠までを取り上げることなどまったくないと言っていいでしょう。また、このレベルのやりとりは特別なトレーニングを受けていなくても誰でもできます。特に準備はいりません。すなわち、言葉が使えれば、議論らしきものができるというレベルです。

一方、主張と根拠、場合によっては論拠の提示が必要な議論（議論レベル２）は、日ごろから議論に異なるレベルがあることを意識し、事前のトレーニングや知識がないとできません。「場数を多く踏む」という実践的な経験がないと、実質的には具体的場面での応用は難しいでしょう。日本語が話せれば議論らしきものができる、というレベルではないのです。

議論レベル２のスキルの持ち主が議論レベル１へのシフト・ダウンをすることは簡単ですが、その逆方向、議論レベル１のスキルしか持ち合わせていない場合に、議論レベル２へシフト・アップするのは実質的に不可能です。

議論が混迷し、話が嚙み合わず、出口を失っているような議論を私たちはときどき経験します。フォーマルな場面での議論に日常的な議論ルールを持ちこんでいる場合がこれにあたります。主張は「自分の信念」と呼べるようなものを暗黙のうちに背景としてもつことがあり、その場合、人は主張について反対されると、自分の根源的な部分を否定されたと思いこみ、感情的なぶつかり合いへと発展しがちです。

このような混迷する議論を救済（？）する場合にも、議論レベル2の知識が生きてきます。議論をいったんストップしてでも、議論レベル2のルールをその場の議論参加者に訴え、議論の方法を共有することも大切です。混乱する議論がある程度交通整理されることを、みな望んでいるはずです。論証を中心とした議論を導入することで、見えなかった行き先も見えてこようというものです。

本書の読者のみなさんには、そのような混迷する議論の場に居合わせたなら、その場の議論をうまく整えていく「議論のリーダー」になっていただきたいと願っています。

練習問題解答

練習問題1（35ページ）

1. **根拠** 昨日遅くまで本を読みふけっていた。
結論 だから、今朝は疲れが残っている。
根拠 次の日の仕事に差し支える。
結論 だから、夜更かしはよくないね。

2. **根拠** 彼女はイギリスからの帰国子女だってね。
結論 だから、英国アクセントの英語をしゃべるはずだね。
根拠 両親はアメリカ人だ。
結論 だから、そうとも限らないよ。

3. **根拠** 予防接種をしている。
結論 だから、僕はインフルエンザにはかからないと思うよ。

根拠　予防接種をしている。
結論　だから、かかっても軽くすむ。

4．
根拠　最近、ものをどこへ置いたのかよく忘れてしまう。
主張　だから、また iPhone が見当たらない。
根拠　記憶力が落ちるのが老化現象の一つだ。
結論　だから、年をとってきたということだな。

5．
根拠　彼は年に一度は人間ドックに行く。
結論　だから、病気があっても早期に見つかっているようだよ。
根拠　健康を気にする人の方が病気になりやすいっていう話を聞いたことがある。
結論　だから、僕は人間ドックには行かないと決めている。

練習問題2（36ページ）
根拠　すでに誰かがした研究を繰り返しても、それは自分の仕事じゃない。
主張　だから、卒論はできるだけオリジナリティのあるものを書いてもらいたい。

根拠 何をもってしてオリジナルというかは簡単には決まらない。
主張 だから、オリジナリティっていったい何のことを指すのか分からない。
根拠 その人の研究のすべてがその人独自の発想であると言い切ることができない。
主張 だから、オリジナリティって分かりにくい。

練習問題3（37ページ）

③だから、①（③→①）　④だから、①（④→①）　⑧だから、⑨（⑧→⑨）　⑧だから、⑩（⑧→⑩）
⑧だから、⑪（⑧→⑪）。

練習問題4（68ページ）

根拠 学生たちは「一六〇三年に徳川家康が江戸幕府を成立させた」と憶えて、年号、人物、地名のどれかがブランクになっているところを埋めるというようなことに終始してきた。
結論 だから、彼らは考えるということが身についていないと言われている。
根拠 何らかの事実があり、帰結を導く接続詞を挟んで、何らかの結論を導出するときに発生するのが思考なのだ。

結論 だから、複数の事柄の関係性に注目することが思考のトレーニングになる。

根拠 事実関係も関係ではあるが、言語規則に則った関係ではない。

結論 だから、トレーニングで特に重要なのは言葉の意味に関する関係性だ。

練習問題5（68ページ）

根拠 ナトリウムイオンは膜を自動的に通過することはできない。

結論 だから、閉じた球体であるリポソームの中には進入することができない。

根拠 ＡＴＰ分解酵素がきちんと仕事をする。

結論 だから、ナトリウムイオンはＡＴＰ分解酵素の内部の細い通路をたどって水中から、リポソームの内部に運ばれる。

根拠 （ナトリウムイオンに）放射性同位元素という標識が仕込んである。

結論 だから、もしわずかでも水中からリポソームの内部へナトリウムイオンが移動すれば、その数が後で割り出される。

根拠 水中にはＡＴＰが存在しない。

結論　だから、ナトリウムイオンは、ATP分解酵素の内部の細い通路をたどってリポソームの内部に運ばれない。

練習問題6（93ページ）

1．人は出身地の言葉を学習する。
2．社員は一般に自社製品を使うものだ。
3．弁護士の資質の一部は論理性だ。
4．処理時間は学習の指標となる。
5．記憶は脳内に貯蔵されている。

練習問題7（94ページ）

根拠1　全世界と全人類が一つの君主国しかもたない、つまり一人の支配者の下で一つの政府だけをもつ。
根拠2　支配者がすべてを所有するとなれば、彼はそれ以上を所有したいとは望まない。
根拠3　（支配者は）それぞれの王国内で不満のないように王たちを支配し、その王たちの間に平和を保とうとする。
結論　だから、戦争は終結するだろう。
論拠　なぜなら争いの根源は対立する要因の存在と、所有欲にある。

根拠　ホッブスの理念をヨーロッパの連邦化へと発展させたり、「永久平和」達成のために自国の権力を放棄したりするような統一は暴力的な革命なしには達成し得ない。
結論　だから、そのようにして誕生した機構であれば人々に益より害をもたらすであろう。
論拠　なぜなら、人間には、異文化の強制的結合や権力の放棄は困難である。

練習問題8（132ページ）

1．帰納　2．演繹　3．帰納　4．帰納　5．演繹

練習問題9（142ページ）

［解答例］

論拠　①ある言語をマスターするにはその言語が母語として使用されている環境に身をしばらくおいて、学習するのが効果的である。
②私の語学獲得能力はA、B、Cさんと同じ程度である。
反証　私の語学獲得能力がA、B、Cさんに比べて格別劣るものでない限り。

付録1　議論・論証のキーワード

①論　証　前提となる根拠から一定の結論／主張を導く行為のこと。推論ともいう。本書では、「根拠だから、結論／主張　なぜなら、論拠」を含めて論証という。

②主　張　根拠から導かれた結論、判断。先行するなんらかの主張に対する反対表明。簡単には、言いたいことの中心部分のこと。

③根　拠　主張を導くもとになる証拠・事実のこと。より狭い意味では直接経験によって確認できる事実（経験的事実）を指す。

④データ　ある判断（結論、主張）を導くときの証拠となる事実。本書では、根拠を同じ意味で使っている。

⑤導　出　前提となる根拠から結論／主張を導くこと。本書の帰納的論証では「飛躍を伴う導出」、演繹的論証では「飛躍を伴わない導出」という言い方をしている。

⑥事　実　正しいことが認められ確定している事柄。経験によって確かめることが可能な事柄。ただし、事実をどの視点から眺めるかによってその対象が変化することはロンドンの爆弾位置の例で見たとおり。

⑦論　拠　根拠と、主張をつなぐ役目をするものであり、その根拠からどうして主張が導かれるかの理由に対応するもの。ある根拠からある結論／主張を導いてもよいということを保証（warrant）

する仮定。

⑧論理　複数の文を帰結を示す接続詞「だから」、理由を述べる接続詞「なぜなら」で結びつけたときに立ち現れる関係性のこと。

⑨帰納　仮に前提となる根拠が正しいとしても、そこから導出される結論が必ずしも正しいとは言えない論証。前提となる根拠に含まれていない何かを結論で引き出すこと。

⑩演繹　前提が正しい場合で、導出にあやまりがなければ、結論が必ず正しくなる論証。前提に含まれる内容を結論で引き出すこと。

⑪仮定　経験的事実によって検証されるまではその真偽については不明なもの。つまり、仮に正しいと定めたもの。

⑫推測　事実を導く手続きが明示されれば事実として使用可能となる考えのこと。

付録2　分かりやすい議論のためのチェックポイント

分かりやすい議論をするために、議論の参加者全員が知っていると便利なポイントです。より詳しくは『議論のルール』（ＮＨＫブックス）を参照してください。

- 議論のルール（論証ベースで）が参加者に共有されている。
- 議論する対象を一つに絞り込む。（「Ａはやめて、Ｂにしよう」も議論の対象が二つになっている）
- 議論の対象となる言葉を定義し、議論の参加者と共有する。
- 議論の対象となること以外を議論に持ちこまない。
- 議論が論証ベースであること。すなわち、根拠、主張、論拠を明示する。
- 根拠は可能な限り経験的事実であること。
- 事実、推測、意見の区別をする。
- 論拠について事前に考えておく。必要に応じて明示できるようにする。
- 根拠の適切性・信頼性を吟味する。可能な範囲で根拠の実証性について問う。
- 相手に質問する場合には、質問開始前に、相手の発言内容で質問と直接に関係するところに触れる。
- 相手への質問が何（主張、根拠、論拠、導出など）に対してのものか明示する。

・有効な質問を回避しない。
・質問と主張を同時にしない。すなわち、質問だけをするようにし、自分の質問の有効性を論じない。

付録3　引用・参考文献（*は本文で引用した文献）

足立幸男『議論の論理――民主主義と議論』木鐸社、二〇〇四年*

日本人にとって議論スキルを向上させることは国際社会からの孤立を避けるためにも不可欠であり、また、民主的な紛争解決、特に議論による解決においても重要である、との観点から書かれた本です。議論の古典モデルが丁寧に紹介されています。また、トゥールミンの議論モデルが解説されていて、議論の類型化を論拠を軸にしてまとめてあります。

板坂元『日本人の論理構造』講談社現代新書、一九七一年*

日本語の中から日本人の考え方を反映すると思われる言葉を取り出し、ひとつひとつ丁寧に解説、解釈をしています。言語と思考を文学的な観点から見ているとも言えるでしょう。ひとつの単語を窓口にして日本人を見る、という面白い試みをしています。本書の「中級編」で取り上げた〈論拠と「やはり」の絶妙なコラボ〉に登場する「やはり」についての興味深い話の出所は、この本の第六章「やはり・さすが」というところです。

苅谷剛彦『知的複眼思考法――誰でも持っている創造力のスイッチ』講談社＋α文庫、二〇〇二年

苅谷さんは教育社会学者ですが、この本の内容は学問領域を横断する知的活動の根源に触れています。

知識を受け入れるところから出発し、今度は自分が知の発信者となるには、どんな頭の使い方をするべきかを具体的に説いています。自分の頭で考えること、既存の知識を疑うこと、問いをたてて世界を切り出すこと、そして対象をいろいろな側面（複眼的）から眺めることがよい研究につながることについても丁寧に書かれています。

T・ギロビッチ『人間この信じやすきもの――迷信・誤信はどうして生まれるか』守一雄・守秀子訳、新曜社、一九九三年*

T.Gilovich の *How we know what isn't so: The fallibility of human reason in everyday life* (1991) の訳です。人間はどうして適切な根拠（経験的事実）が示されていない結論を簡単に信じるのか、そしてそれに基づいて行動するのか、のメカニズムを認知心理学的立場から分析した本です。人間は自分の肯定事例に目がいきがちで、自分の仮説を指示するような根拠集めには注意しても、それを反証するような事例には注意が向かないことなど、論証の心理学的背景ともいえる点を鋭く記述しています。論拠を考える上で参考になります。

香西秀信『反論の技術――その意義と訓練方法』明治図書、一九九五年*

私たちが一般に持つ「反論」という概念（反論は誰かの主張に対して発せられる）についての誤りを正すところからはじまる、インパクトのある、刺激的な議論の書です。この本は「そもそも主張は何のために行うのか」という基本的なモチベーションについてもよく解説されています。主張することの大変さを知るためにもいい本です。議論することの知的面白さを十分に伝えてくれる一冊と言えるでしょう。後半は反論をするための訓練の具体的テキストにもなっています。

戸田山和久『新版　論文の教室――レポートから卒論まで』ＮＨＫブックス、二〇一二年

論理的に論文を書くために最適な必読書です。この本の示すとおりに卒論などを書いていただければ、質のよい論文になるでしょう。第6章は論証について書かれています。

戸田山和久『論理学をつくる』名古屋大学出版会、二〇〇〇年

正しい論証とは何か、正しい論証とそうでない論証とをどのように区別するのかについて系統的に研究するのが論理学です。本書ではあまり触れられなかった演繹的推論について詳しく勉強したい方にはこの本をお勧めします。

A・トムソン著『論理のスキルアップ――実践クリティカル・リーズニング入門』斎藤浩文・小口裕史訳　春秋社、二〇〇八年

Anne Thomson の *Critical Reasoning: A practical introduction* (1996) の訳です。本書の英語版といった感じの本です。オリジナルをお読みになり、英語で議論する際の論理トレーニングには最適な本です。

S・トゥールミン『議論の技法――トゥールミンモデルの原点』戸田山和久・福澤一吉訳　東京図書、二〇一一年*

Stephen. E. Toulmin, *The Uses of Argument* (1958) を戸田山さんと私で翻訳したものです。本書はこの本の第三章「論証のレイアウト」をベースに書いたものです。なお、この本の狙いは従来の形式論理学や認識論についての批判です。批判の道具としてトゥールミンは議論のモデルを構築したのです。

野矢茂樹『新版　論理トレーニング』産業図書、二〇〇六年*

論理に関する基礎をまさに「トレーニング」するために書かれた類い稀な良書です。最近「論理」「論理的」という言葉をタイトルの一部にする本が増えていますが、読んでみて気がつくのはそれらの本が「論理」とはなにかの基礎に触れていないことです。本著は論理の原点について直接に言及している点で、他の論理に関する本とは質が異なります。また、「議論の流れ」「論証」にはじまり、「議論を作る」にいたるまで解説と演習の組み合わせになっている点でも、他の論理に関する本とは決定的に異なるものです。議論、論理に関する基礎を学び、身につけるには必読の最良の書です。

野矢茂樹『大人のための国語ゼミ』山川出版社、二〇一七年*

国語の勉強は久しくやっていないという大人に向けて書かれた論理トレーニングです。一般に、論理と国語は別物であるという印象を私たちは持ちがちですが、形式論理一歩手前までは国語そのものです。論理に強くなるには国語をしっかりとやる必要があることを痛感させられる一冊です。

福澤一吉『議論のルール』NHKブックス、二〇一〇年

よい議論は論証の基礎理解と論証間の論理的関係の把握が前提になっています。しかし、議論を有意義に進めていくには、その基礎が守られるだけでは十分とは言えません。本書は論証がカバーしきれない議論のルールをまとめて解説したものです。

福澤一吉『文章を論理で読み解くためのクリティカル・リーディング』NHK出版新書、二〇一二年

本書は、文章を読むことは次の四つから構成されていると仮定しています。それは、①文章を論証ベースで分解する。②著者の考えを論証ベースで再構築する。③論拠を批判的に捉える。④それらを統括的に見ることで、自分自身で新たな問題提起をする。文章を単に読解するだけでなく、自分自身の問題意識へと高めることを読むことのゴールに設定しています。

福澤一吉『論理的思考　最高の教科書』サイエンス・アイ新書、二〇一七年

本書は論理的思考を論証ベースで眺めている点では本書の姉妹版と言ってもいいでしょう。論証と密に関係するものとして接続詞、演繹的論証、帰納的論証を解説しています。また、仮説演繹法という科学的考え方の背景にあるアプローチについても言及しています。さらに、論証上の誤りを人間の推論と認知スタイルという二つの側面から解説しています。

三浦俊彦『論理学入門――推論のセンスとテクニックのために』ＮＨＫブックス、二〇〇〇年

「はじめに」で、三浦さんは、論理によってのみ私たちは心底「納得」という感覚を知ると言っています。自分が何を考えているのかを自覚し、何と何をどう関連づけて理解しつつあるかを納得するときほど、「自由」を感じることはないとしています。論理について考えているとここへ行きつきます。「論理的になるとは思考を不自由にすることではないか」と感じている方はぜひ一読ください。

三浦俊彦『論理学がわかる事典』日本実業出版社、二〇〇四年

論理学にまつわるトピックが見開き二ページで簡潔に解説されています。この本から論理学とは、論理とは何かという感触をつかみ、より本格的な論理学へ進むのもよいかもしれません。

これ以降にリストアップする数冊は、科学哲学書に属するものです。これらの本で科学理論と事実との関係に触れている個所は、本書でとりあげた論拠と経験的事実というトピックに関係しています。あわせてお読みになると、議論がもっと面白くなること間違いなしです。事実とはそもそも何かを根源的に考えさせられます。

戸田山和久『「科学的思考」のレッスン――学校で教えてくれないサイエンス』ＮＨＫ出版新書、二〇一一年
戸田山和久『科学哲学の冒険――サイエンスの目的と方法をさぐる』ＮＨＫブックス、二〇〇五年
伊勢田哲治『疑似科学と科学の哲学』名古屋大学出版会、二〇〇三年
伊勢田哲治『哲学思考トレーニング』ちくま新書、二〇〇五年

おわりに

Pennsylvania State University で教育社会学を専門にしている友人が、来日して都内の大学で研究をしていたことがあります。その間、彼の家族が一時期、東京に来ていました。

中学二年生になるお嬢様と話す機会があり、学校でエッセイなどをはじめとするwriting の授業ではどんなことを学んでいるか尋ねました。すると、彼女はいきなり「DCWプロジェクト」という言葉を使ったので、それは何かと尋ねたところ、これがなんとトゥールミンの議論モデルの Data（根拠）、Claim（主張）、Warrant（論拠）の頭文字だったのです。これにはちょっと驚きました。

私は興味津々で、さらに、作文授業の内容を聞いてみると、論証モデルをベースにしたwriting については、小学校の低学年の時から勉強しているとのことでした。その後、彼女が書いたエッセイを読ませてもらいましたが、論理的に書かれているという点で、とても中学二年生とは思えないほどレベルの高いものでした。

彼女の通う中学校は公立中学で、別段特別な学校ではありません。その普通の中学校で教えられているwritingをはじめとする論理トレーニングの授業のレベルの高さには驚くと同時に、うらやましい限りでした。なぜなら、初等教育から論証やロジックの基礎を学んでいれば、その後の高等教育をほんとうに楽しめるからです。残念なことに、日本ではこの種の教育はほとんどされていません。少なくとも、大学教育に関する限り、議論教育、論理的思考教育に関しては、私が二〇〇二年に旧版の『議論のレッスン』（生活人新書）を書いたころとまったく変わっていません。この基礎教育の底上げは続ける必要があると痛感しています。

この基礎教育は論理に関する誤解を解くことから始める必要があります。と言いますのは、世間では「論理的〇〇」と題する本が多く出回っていますが、論理の基礎について丁寧に解説されている本は散見される程度だからです。そのため、論理についてはいまだに誤解されている節があります。

例えば、確かに、論理力があればそれは思考を整える道具になります。しかし、論理力はいわゆる思考力ではありません。ですから、論理的に考えること自体が思考力を直接高めることにつながるというわけではありません。論理的思考という言い方をよく耳にしますが、狭い意味で論理的に思考することが必要となるのは数学や、形式論理学の世界です。私たちが日常で意識するべきは、思いつきやひらめきによる思考を吟味して、それを論理という道具を使って整える作業なのです。すなわち、論理的に思考するのではなく、思考してから論理によってそれを整理する。つまり、論理が登場するのは思考の後になるのです。このことからも、論理力が思考力でないことが分かります。

論理との関係で、『新版　議論のレッスン』でやってきたことは、「議論が語る言葉」を「議論を語る言葉」に置き換える作業です。それは議論が扱うコンテンツを一旦離れ、俯瞰し、そのコンテンツを裏側で支えている論理的構造を見ることに他なりません。そうすることによって、当該の発言なり書かれている内容に惑わされずに、それが論理的に正しい内容かどうかの検討ができるのです。その内容自体を形成する知識はあっという間に賞味期限が過ぎてしまいます。つい最近まで有効だった知識が瞬《また》く間に使いものにならなくなる。しかし、思考を論理的に振り返る力は、それが意識的努力によって獲得されれば、一般的な知識と異なり、時の経過とともに形骸化するようなことはありません。アリストテレス以来二〇〇〇年の経緯を見る限り。これを身につけない手はありません。

さて、最後になりましたが本書の出版にあたり、次の四人の方々に心より感謝申し上げたい。まず、科学哲学者で、かつ論理学者の戸田山和久さん（名古屋大学情報学科研究科教授）です。戸田山さんは『新版　議論のレッスン』の元原稿を丁寧にお読みくださり、詳細なコメント、突っ込みをしてくださいました。本書はそれを反映しています。いつもながら、僕のいい師匠でいてくれてありがとうございます。ここに改めて感謝の意を表します。

次は、もしこの三名の方々がいらっしゃらなかったら、そもそも『議論のレッスン』の誕生も、そしてそれが「新版」として生まれ変わることもなかったという方々です。お一人目は編集長の加藤剛さんです。加藤さんは編集長として大変にお忙しいなか、即刻原稿をお読みくださいました。そしてその直後に修正事項等々に関するコメントをくださいました。著者の意を汲んでくださり、私のモチベーションを支えてくださいました。もとより、編集長というポジションの方から直接にいろいろ言っていただけるとは想像だにしていませんでしたので、恐縮するばかりです。加藤編集長、ありがとうございました。

お二人目はこの本の生みの親である、三田村美保さんです。二〇〇二年当時、三田村さんは生活人新書を担当されていました。旧版の『議論のレッスン』を書き上げるにあたり何度も丁寧なミーティングを重ねてくださり、いいアイデアをたくさんお出しくださった。『議論のレッスン』の名づけ親も三田村さんです。こころより感謝申し上げます。

最後のお一人はこの本の育ての親の大場旦さんです。大場さんのおかげで『議論のレッスン』が「新版」に生まれ変わったのです。大場さんとの出会いは二〇一二年に『文章を論理で読み解くためのクリティカル・リーディング』（NHK出版新書）を書く企画をお立てくださったときでした。そのころから、「大場旦」という響きは私に常にある種の緊張感をもたらします。それは私なりに大場さんの本を作る際の一貫した考え方や、より質の高い本をめざそうとするスタンスを感じているからに他なりません。大場さんは誰よりも鋭い、地に足の着いたコメントと突っ込みをされる方です。それでいて、一方、私の仕事をとても高いところから俯瞰されている。さらに、全体をまとめるときのバランスを絶妙に整えてくださいます。これはコンテンツに没頭しがちな著者には見えない点です。大場さん、いつも僕の目を覚ましてくださったありがとうございます。今回の新版、本当に、本当にありがとうございました。

二〇一八年五月

福澤一吉

＊本書は、二〇〇二年四月に小社より刊行された『議論のレッスン』（生活人新書）に大幅な加筆を施し、再構成したものです。

図版作成　手塚貴子
校閲　髙松完子
ＤＴＰ　㈱ノムラ

福澤一吉　ふくざわ・かずよし
1950年、東京都生まれ。
78年、早稲田大学文学部大学院文学研究科心理学専攻修士課程修了。
82年、Northwestern Universityコミュニケーション障害学部
言語病理学科博士課程修了。Ph.D.
現在、早稲田大学文学学術院心理学コース教授。
専門は認知神経心理学。
著書に、『議論のルール』(NHKブックス)、
『文章を論理で読み解くためのクリティカル・リーディング』
(NHK出版新書)など多数。

NHK出版新書 552

新版 議論のレッスン

2018(平成30)年5月10日　第1刷発行

著者　福澤一吉　©2018 Fukuzawa Kazuyoshi

発行者　森永公紀

発行所　NHK出版
〒150-8081東京都渋谷区宇田川町41-1
電話 (0570) 002-247(編集) (0570) 000-321(注文)
http://www.nhk-book.co.jp (ホームページ)
振替 00110-1-49701

ブックデザイン　albireo

印刷　慶昌堂印刷・近代美術

製本　藤田製本

Printed in Japan ISBN978-4-14-088552-9 C0237

NHK出版新書好評既刊

シリーズ・企業トップが学ぶリベラルアーツ
宗教国家アメリカのふしぎな論理
森本あんり
歴史をさかのぼり、トランプ現象やポピュリズム蔓延の背景に鋭く迫る。ニュース解説では決して見えてこない、大国アメリカの深層とは?
535

西郷隆盛
維新150年目の真実
家近良樹
知的でエレガント、この上なく男前だが涙もろく神経質でストレスに悩む――西郷研究の第一人者が調べ上げて描く、日本史上最大のカリスマ、その真の姿。
536

北朝鮮はいま、何を考えているのか
平岩俊司
迫りくる核戦争の危機。世界は、北朝鮮の暴走を止められるか。謎に包まれた指導者・金正恩の魂胆を暴く。緊急出版!
537

大人のための言い換え力
石黒圭
メール・日常会話からビジネス分野まで、大人の日本語の悩みを解決する、一生モノの「言い換え」の技術・発想を身につける10の方法を伝授。
538

世にも奇妙なニッポンのお笑い
チャド・マレーン
「ツッコミ」も「ひな壇トーク」も日本ならでは?笑いの翻訳はなぜ難しい?苦節20年の外国人漫才師が、日本のお笑いの特質をしゃべり倒す!
539

生きものは円柱形
本川達雄
ミミズもナマコもゾウの鼻も、いやいや私たちの指や血管だって――。なぜ自然界にはかくも円柱形が溢れているのか?大胆に本質へと迫る、おどろきの生物学。
540

NHK出版新書好評既刊

絶滅の人類史
なぜ「私たち」が生き延びたのか

更科 功

ホモ・サピエンスは他の人類のいいとこ取りをしながら生き延びた!? 人類史の謎に、最新の研究成果をもとに迫った、興奮の一冊。

541

マインド・ザ・ギャップ! 日本とイギリスの〈すきま〉

コリン・ジョイス

日本とイギリスを行き来する英国人記者が、二つの国の食、言語、文化、歴史などを縦横無尽に比較しながら綴る、知的かつユーモラスな「日英論」。

542

シリーズ・企業トップが学ぶリベラルアーツ 「五箇条の誓文」で解く日本史

片山杜秀

「五箇条の誓文」を切り口に、江戸から明治、平成にかけての問題点を明快に説く。有名企業幹部が学ぶ白熱講義を新書化!

543

ダントツ企業
「超高収益」を生む、7つの物語

宮永博史

セブン銀行、アイリスオーヤマ、中央タクシー――不況でも「超高収益」を生み続ける会社に注目し、「儲かる仕組み」を明快に解説する!

544

教養としてのテクノロジー
AI、仮想通貨、ブロックチェーン

伊藤穰一
アンドレー・ウール

AIやロボットは人間の「労働」を奪うのか? 仮想通貨は「国家」をどう変えるのか? 「経済」「社会」「日本」の3つの視点で未来を見抜く。

545

読書の価値

森 博嗣

なんでも検索できる時代に本を読む意味とは? 本選びで大事にすべきたった一つの原則とは? 人気作家がきれいごと抜きに考えた、読書の本質。

547

NHK出版新書好評既刊

声のサイエンス
あの人の声は、なぜ心を揺さぶるのか
山﨑広子
声には言葉以上に相手の心を動かし、私たちの心身さえ変えていく絶大な力が秘められている――。その謎に満ちた「音」の正体に迫る！
548

悪と全体主義
ハンナ・アーレントから考える
仲正昌樹
世界を席巻する排外主義的思潮といかに向き合うか？ トランプ政権下のアメリカでベストセラーになった『全体主義の起原』から解き明かす。
549

「産業革命以前」の未来へ
ビジネスモデルの大転換が始まる
野口悠紀雄
AI・ブロックチェーンの台頭により、産業革命以前の「大航海の時代」が再び訪れる。国家・企業・個人はどうするべきか。500年の産業史から描き出す！
550

なぜ、わが子を棄てるのか
「赤ちゃんポスト」10年の真実
NHK取材班
なくならない育児放棄に児童遺棄。日本にたった一つの赤ちゃんポストを通して、日本社会が抱える深い闇を浮かび上がらせる。
551

新版 議論のレッスン
福澤一吉
議論にも、スポーツと同様にルールがある。ロングセラーの旧版に新たな図版・事例を付して、大幅な加筆を施したディベート入門書の決定版。
552